Patient KAEMBE

Demeurer inébranlable dans la foi en Christ

Patient KAEMBE

Demeurer inébranlable dans la foi en Christ

Éditions Croix du Salut

Imprint
Any brand names and product names mentioned in this book are subject to trademark, brand or patent protection and are trademarks or registered trademarks of their respective holders. The use of brand names, product names, common names, trade names, product descriptions etc. even without a particular marking in this work is in no way to be construed to mean that such names may be regarded as unrestricted in respect of trademark and brand protection legislation and could thus be used by anyone.

Cover image: www.ingimage.com

Publisher:
Éditions Croix du Salut
is a trademark of
Dodo Books Indian Ocean Ltd. and OmniScriptum S.R.L publishing group

120 High Road, East Finchley, London, N2 9ED, United Kingdom
Str. Armeneasca 28/1, office 1, Chisinau MD-2012, Republic of Moldova, Europe
Printed at: see last page
ISBN: 978-620-6-17045-7

DEDICACE

« Je te loue, père, Seigneur du ciel et de la terre, de ce que tu as caché ces choses aux sages et aux intelligents, et de ce que tu les révélées aux enfants. Oui père je te loue de ce que tu l'as voulu ainsi. (Luc chapitre 10, verset 21.» Ce n'est pas une prédication, mais plutôt ma dédicace en l'honneur de l'Eternel Dieu. Seigneur, Tu es à mes côtés chaque jour que je vie. Reçois donc toute la gloire pour tes bienfaits dans ma vie, par ta bénédiction, cet ouvrage a été rendue possible.

« Honore ton père et ta mère, (c'est le premier commandement avec une promesse), afin que tu sois heureux et que tu vives longtemps sur la terre. (Ephésien : chapitre 6, versets 2 et 3) » Merci à vous, papa ***Vincent KAFUKU MUSOYA*** et maman ***Emilie MONGA WA TELE*** pour la *vie et l'amour* que vous m'avez manifesté.

« *L'Eternel a donné, et l'Eternel a ôté ; que le nom de l'Eternel soit béni !* (Job : chapitre 1, verset 21) ». J'aurais aimé te revoir en ce moment, ***Christian MUTWALE MONGA***, puisse ta mémoire être immortalisée à travers cette dédicace.

REMERCIEMENTS

Il m'est de tout honneur aujourd'hui de m'acquitter d'une dette de reconnaissance envers toutes les personnes, ayant contribué de près ou de loin à la croissance de ma foi chrétienne.

A cet égard, je tiens à remercier le Berger MUSENGE MUKUMBI en sa qualité de serviteur de Dieu et particulièrement pour les encouragements que j'ai reçu de sa part quand il a appris mon initiative d'élaborer cet ouvrage pour la gloire de l'Eternel Dieu, mais aussi pour ses conseils précieux, sa disponibilité et son intérêt manifesté à cet initiative. Je le remercie également pour l'extrême minutie avec laquelle il a lu et annoté mon ouvrage, j'en suis vraiment flatté Mercie.

Je remercie le frère ERICK BILOLO qui n'est pas seulement un serviteur de Dieu mais qui est aussi celui qui m'a appris qu'il était sage de servir l'éternel Dieu déjà quand on est jeune.

Je remercie chaleureusement le frère ERICK TSHIMWANG qui, en comprenant le contenu de mon ouvrage m'a fait voir comment ils nous faillaient combattre le bon combat en gardant la foi jusqu'à achever sa course.

Je remercie le frère NATHAN KALAMBA de la passion avec laquelle il reconnait l'amour de Dieu. Moi aussi je crois que Dieu est AMOUR.

Je remercie ensemble Les PASTEURS RAOUL WAFO, MARCELO TUNASI ET MAMADOU KARAMBIRI pour m'avoir appris respectivement les sens d'expressions comme : la volonté parfaite de DIEU, le brisement dans la marche chrétienne, le royaume de cieux… et ce n'est pas facile.

Comme cet ouvrage est mon tout premier ouvrage spirituel depuis mon existence sur cette terre des hommes, j'en profite pour remercier trois personnes dans tout mon parcours (28 ans déjà, je crois avoir des milliers des frères en christ, des centaines d'amis et de dizaines des Prêtres et des Pasteurs). Ces trois personnes m'ont un jour rattrapés dans mes errances ou bien sont parvenu a me canaliser vers la bonne voie.

- Merci frère MWELWA Jean-Pierre, (Mission Saint Benoit de Kansenia), sans toi j'aurai appris l'existence de Dieu avec un retard incommensurable. Car je te considère comme la première personne qui m'avait parlé de manière officielle de l'existence du Dieu Créateur alors que j'étais âgé de 5 à 6 ans.
- Merci DANNY ILUNGA KAMADJAMBA a Likasi pour m'avoir supporté tel que j'étais avant ma conversion, car tu fus l'un des victimes principales de mes abus de langage, de mon orgueil excessif et de mes mortifications sans raison car en ce temps-là j'étais un jeune irrésolu, motivé par les convoitises trompeuses de la chaire.
- Merci MOLOVERYA KAVUGHO Stéphanie, tu es pour moi une amie modèle car dans le bonheur comme dans le pire, je n'avais jamais senti ton absence, au contraire tu étais prête a me réconforter par tes précieux conseils et tes encouragement. Que Le Très haut te bénisse.

INTRODUCTION

Nous entendons souvent dire : "Ayez la foi" ou "Vous manquez de foi..."On parle beaucoup de foi et c'est normal, mais est-ce que nous savons ce qu'est exactement la foi ? Comment elle se bâtit ? Comment elle fonctionne ? De quoi elle dépend ? Pour ma part, j'ai cru le savoir pendant les premières années qui ont suivi ma conversion au seigneur. Je me suis aperçu un jour que je ne savais pas le dixième de ce que croire, avoir la foi, être un homme de foi, signifiaient vraiment.

Pendant des années, j'ai marché au gré de mes sentiments, ballotté à droite et à gauche, parce que je ne savais pas que la foi est une "ferme assurance" qui ne doit être en rien conditionnée par nos émotions, nos sens ou les événements extérieurs. J'ai rendu Dieu menteur bien souvent parce que je ne savais pas que la foi, c'est croire sans voir : *On croit d'abord et on voit après.* Il y a plusieurs sortes de foi mais celle que les enfants de Dieu doivent rechercher, c'est "la foi de Dieu par Christ", celle qui déplace les montagnes (Marc 11 : 23). Que le contenu de ces pages puisse vous aider à devenir un homme ou une femme "de foi", c'est le désir profond de mon cœur.

Ainsi la plupart des gens considèrent la vie comme une bataille, or la vie n'est point une bataille mais un jeu. C'est un jeu, cependant, où l'on ne peut gagner que si on possède la connaissance de la loi spirituelle. ***Osée*** *4 :6 : mon peuple périt par manque de connaissance.*

L'Ancien et le Nouveau testament donnent avec une merveilleuse clarté les règles du jeu Pourvue que malgré les limites inestimable qui bornent l'épanouissement d'un chrétien, ces dernières lui soient neutralisées et hottées par la foi *1jean 5 :4 ...la victoire qui triomphe le monde c'est notre foi*; D'où dans cet ouvrage, il vous sera révélé comment et dans quel cas en tant que chrétien, il nous devient possible non pas de contrôler notre futur car *ce dernier est caché or ce qui est caché appartient à Dieu... deutéronome 29 :29*, mais plus tôt de se fixer et d'atteindre enfin les objectifs visés d'avance sans que ces derniers ne soient entachés de toute forme de nuances bien que quelques obscurités nous seront toujours nécessaires dans le chemin qui mène vers le dit objectif.

CHAPITRE 1 : QU'EST-CE QUE LA FOI ?

La lecture attentive du texte aux Hébreux 11:1 nous donne la définition biblique de la foi, en ces termes: "*Or la foi est une ferme assurance des choses qu'on espère, une démonstration de celles qu'on ne voit pas*" (Louis Segond).

Pour bien comprendre son sens, il nous faut comparer plusieurs versions: "Et qu'est-ce que la foi? C'est une ferme confiance dans la réalisation de ce qu'on espère, c'est une manière de le posséder déjà par avance. Croire, c'est être absolument certain de la réalité de ce qu'on ne voit pas." (Parole Vivante).

□"La foi est une façon de posséder ce qu'on espère, c'est un moyen d'être sûr des réalités qu'on ne voit pas." (Semeur).

□"La foi est une manière de posséder déjà ce que l'on espère, un moyen de connaître des réalités que l'on ne voit pas." (TOB).

□"Or la foi est l'assurance des choses qu'on espère, et la conviction de celles qu'on ne voit pas." (Darby).

Nous voyons que la foi est à la fois, une ferme conviction intérieure et une démonstration par des actes. Abraham nous en donne une démonstration lorsqu'il a eu la pleine conviction de la parole de Dieu, il n'a pas pensé un seul instant que Dieu puisse changer d'avis ou qu'il soit incapable de réaliser sa promesse (Romains 4:21 / 2 Timothée 1:12). La foi prend naissance dans le cœur et elle se manifeste dans nos paroles et par nos actions (Romains 10:10). La foi n'est pas le produit d'une construction intellectuelle et philosophique, fondée sur des discours persuasifs de la sagesse humaine (1 Corinthiens 2:4 / Romains 4:18-23). Celui qui croit :

1) est convaincu, persuadé, dans son cœur (Actes 2:37)
2) confesse sa foi par ses lèvres (2 Corinthiens 4:13)
3) démontre cela par ses actes (Hébreux 11:8 / Jacques 2:18) La foi ne peut donc se confondre avec une appréciation approximative se traduisant par une démarche hésitante (Jacques 1.6).

La foi nous entraîne à faire ce que Dieu demande. Elle est l'expression d'une entière et ferme conviction, qui produit une action déterminée : l'obéissance de la foi, selon Paul (Rom 1:6). La foi fait ce que Dieu dit. Noé, Abraham, Moïse et tous les autres témoins, sont là pour le confirmer. Ils ont obtenu, à cause de leur détermination, un témoignage favorable de la part de Dieu (Hébreux 11:2-16). Cependant nous savons que beaucoup de gens entraînés dans des sectes, des religions mensongères, des croyances de toutes sortes, peuvent aussi être persuadés, profondément convaincus, d'être dans la vérité. Comment savoir si ce que nous croyons est la foi vraie ? La vraie foi, celle de l'Évangile, est fondée sur les Écritures, Parole inspirée de Dieu (2 Timothée 3:16). "*La foi vient de ce qu'on entend, et ce qu'on entend vient de la parole de Christ*" (Rom.10:17). Au regard de ce qui précède, interventions divines: visions, songes, anges, miracles, guérisons, exaucements de la prière, etc. Mais seules les Écritures sont la garantie que notre foi et ce qu'elle nous amène à pratiquer, est conforme à ce que Dieu dit. Pour que la foi soit saine, il faut être fondé sur la Parole de Dieu au point que même une révélation apportée par un ange du ciel doit être confrontée aux Écritures car elle peut être contraire à l'Évangile. Si cela arrive, il ne faut pas se fier au messager, mais ne lui accorder aucun crédit, et la rejeter (Galates 1:8-9). La foi qui sauve ne peut avoir d'autre fondement que la Parole de Dieu (Actes 17:11). Les Écritures sont le critère d'une foi sûre et équilibrée.

Une erreur commise souvent est de confondre la foi avec "la croyance" des religieux qui sont prêts à mettre leur confiance dans toutes sortes de traditions, coutumes, superstitions, qu'ils ont héritées de leurs ancêtres.

Pour d'autres personnes, leur problème vient de leur crédulité extrême qui les amène à tout avaler de ce qu'on leur dit, pourvu qu'on parle de Dieu (sans s'assurer de quel Dieu), de surnaturel, de la Bible même, de miracles et de choses spirituelles sensationnelles, fabuleuses (2 Timothée 4:3).

Il ne s'agit pas non plus de croire seulement en l'existence d'un seul Dieu (Jacques 2:19).

➢ *LES MESURES DE LA FOI*

(Rom.12.3) La foi est spirituelle et elle doit répondre à un certain nombre de critères :

1) En quantité

Jésus parle de certains qui ont une grande foi (Matthieu 8:10 / Matthieu 15:28 / Luc 7:9), d'autres peu de foi (Matthieu 6:30 / Matthieu 8:26 / Matthieu 14:31 / etc.). Matthieu 17:20 / Luc 17:6 La foi peut et doit grandir (2 Thessaloniciens 1:3) si elle est convenablement nourrie (1 Timothée 4.6).

2) En qualité La foi doit être:

* saine (Tite 1:13),

* équilibrée, s’améliorant de jour en jour (1 Thessaloniciens 3:10),

* ferme (Colossiens 2:5 / 1 Pierre 5:9). La force de la foi c’est sa fermeté, qui la rend persévérante.

* fondée sur des certitudes acquises dans la Parole de Dieu. Il y a des personnes qui sont faibles dans la foi que nous devons accueillir (Rom.14.1)

Il y a une seule foi qui sauve (Ephésiens 4:5).

Il convient de repréciser ce qui suit : La foi n’est pas : de la croyance religieuse, de la crédulité, de la superstition, une confiance excessive mal placée, sans véritable fondement, un effort de persuasion mentale par la répétition de versets bibliques, même croire que Dieu existe n'est pas suffisant (Jacques 2:19)

- Elle n'est pas un concept de la pensée humaine, " un savoir " ou " un vouloir ", dans notre intellect ou un sentiment isolé de son objet principal.
- La véritable foi est faite de certitude, elle se construit, s'édifie et grandit sur le roc solide des paroles de Christ. C'est une profonde conviction, une ferme assurance, qui naît et grandit en nous lorsque nous entendons et recevons la Parole de Dieu que nous faisons nôtre et que nous gardons dans notre cœur.

CHAPITRE 2 : COMMENT DEMEURER FERME DANS LA FOI ?

En veillant sur nos cœurs, comme nous le conseille la Bible dans *Proverbes 4 : 23 Garde ton cœur plus que toute autre chose, Car de lui viennent les sources de la vie.* C'est du cœur et donc de nos pensées que viennent les sources de la vie.

Jérémie souffrait tellement qu'il s'apprêtait à perdre espoir. Puis, pour parvenir à demeurer ferme, il a décidé, de repasser dans ses pensées, dans son cœur juste ce qui lui donnera de l'espérance. *Lamentations 3 : 21 Voici ce que je veux repasser en mon cœur, Ce qui* me *donnera de l'espérance.*

Faisons de même par la foi et nous verrons Jéhovah Jireh agir.

- **La foi c'est la décision**

D'une façon concrète, il nous faut croire :

1) que Dieu a un plan d'amour parfait pour nous et que ce sont des projets de bonheur et non de malheur qu'il a formés pour nous. Rappelons-nous qu'il nous a créés pour que nous vivions en communion d'amour avec lui.

2) que tout ce qui nous arrive fait partie de ce plan de Dieu et s'inscrit dans sa volonté. Si c'est une tentation, elle vient de Satan mais uniquement parce que Dieu l'a permise pour notre plus grand bien (volonté permissive).

3) que l'intention de Dieu est de faire concourir toutes choses, donc toute épreuve aussi, à notre bien et même à notre plus grand bien et il a la puissance pour le faire. Mais il ne le fera que **SI** nous lui faisons confiance quelle que soit la tournure de la situation.

Cette confiance va se traduire par trois choses :

- au lieu de nous révolter, de nous lamenter, nous allons remercier Dieu **pour** l'épreuve puisque Dieu va l'utiliser pour nous bénir et nous rapprocher de cette communion d'amour avec lui qu'il recherche et désire pour nous.
- Nous allons le louer puisqu'il est puissance et amour et que c'est cela qui nous permet de lui faire confiance sachant qu'il fait concourir toute chose au meilleur pour nous.

- Nous allons persévérer dans l'action de grâce et la louange, même si l'épreuve s'aggrave car c'est notre patience et notre persévérance qui va nous donner la victoire déjà acquise pour nous par Jésus. Si nous persévérons, Dieu mettra peu à peu dans notre cœur sa joie.

Pour expliquer tout cela, prenons un exemple fictif. Une chrétienne, ruth, tombe malade et la maladie dure. Réaction première de ruth : la révolte. Comment Dieu permet-il cela alors que nous nous dévouons pour lui? Puisque nous sommes ses enfants, il, devrait nous protéger des attaques de Satan. Etc. Arrive marc, un frère chrétien lui aussi mais pratiquant l'action de grâce et la louange. Il pose des questions habilement.

- ruth, est-ce que tu crois que Dieu est assez puissant pour te guérir s'il le désire?

- Bien sûr que oui marc.
- La Bible nous enseigne que Dieu est amour; il veille sur chaque détail de ta vie et c'est ton bonheur qu'il veut. Crois-tu cela ruth? - Puisque la Parole de Dieu le dit, je le crois.
- Alors ruth, si Dieu, qui a le pouvoir de te guérir et qui t'aime beaucoup, ne te guérit pas, est-ce complètement déraisonnable de penser que Dieu doit avoir une bonne raison de ne pas le faire?
- Non, cela ne semble pas déraisonnable.
- Dans ce cas, est-ce déraisonnable de le remercier pour cette bonne raison dont le but est ton plus grand bien? - Vu comme cela, non.
- Alors, tu peux même le louer pour sa puissance et son amour qui lui permettent de faire concourir ta maladie à un plus grand bien pour toi.
- Pourquoi pas, je suis décidée à croire tout cela et à essayer de le remercier et de le louer. La foi qui nous est demandée est donc de **prendre la décision de croire** que Dieu contrôle et dirige toutes choses, chaque détail de notre vie, dans le cadre de son plan d'amour parfait pour nous, conformément à ce que dit sa Parole. Dans son livre "Le champ de bataille de la pensée", Joyce Meyer dit : "En tant que chrétiens, nous devons apprendre à décider de croire. J'ai décidé, voilà bien longtemps, de croire ce que dit la Parole et le rhéma (la Parole révélée) que Dieu m'a donné, même si je ne comprends ni pourquoi, ni quand, ni comment cela s'accomplira". Dans son livre "Puissance Plus", Merlin Carothers relate que Dieu lui dit un jour :
- Fils, aimerais-tu savoir ce que tu peux enseigner aux gens pour les aider à croire?
- Oui Seigneur,

- Apprends aux hommes qu'ils doivent maintenant choisir de me croire de la même manière qu'ils choisissent de me désobéir!

Lorsque nous sommes fortement tentés par quelque chose que nous savons être mal, nous choisissons parfois de désobéir à Dieu et de le faire quand même. De la même façon, nous pouvons choisir de croire la Parole de Dieu et de nous appuyer sur les trois premiers versets que nous venons de voir, surtout pas sur ce que nous ressentons ou ne ressentons pas.

La foi doit contrôler nos sentiments mais nos sentiments ne doivent pas contrôler notre foi, c'est à dire ce qu'il nous est demandé de croire. On peut donc remercier sans en ressentir la moindre envie. *"Et voici la victoire qui triomphe du monde : notre foi" (1 Jean 5:4).*

Croire cette Parole **est** beaucoup plus difficile si nous attendons l'épreuve pour prendre la décision de croire. Exerçons-nous quand tout va bien, à croire que le Saint-Esprit est à cet instant en train d'œuvrer dans notre esprit, dans notre âme, dans notre corps, pour nous sanctifier, nous purifier, contrôler nos pensées et nos sentiments, nous guérir, nous remplir de son amour, même si nous ne ressentons RIEN. Tant mieux si le Saint-Esprit nous fait la grâce de nous faire sentir sa présence, mais s'il ne le fait pas, il agit quand même. Faisons-le des dizaines de fois par jour, ainsi lors d'une épreuve, nous aurons beaucoup moins de difficulté à croire que Dieu œuvre pour notre plus grand bien à travers notre épreuve, parce que sa Parole le dit. "Je te remets toutes choses de ma vie Seigneur et je crois que tu œuvres par chaque chose pour mon bien, parce que la Parole de Dieu l'affirme".

a. *L'action de grâce et la louange sont le langage de la foi*

Prendre la décision de croire que toute chose fait partie du plan d'amour de Dieu pour nous et concourt à notre bien, Romains 8:28, nous conduit à rendre grâce et à louer sans cesse, donc des dizaines de fois au **cours** de la journée. Rendre grâce au Père, au nom de Jésus-Christ, quoi que nous fassions en parole ou en œuvre, comme Dieu nous le demande dans Colossiens 3:17 comme nous l'avons vu, c'est aussi de nombreuses fois chaque jour que nous aurons à le faire. Faire connaître nos besoins à Dieu en toutes choses avec des actions de grâce, selon Philippiens 4:6, c'est encore des occasions de rendre grâce chaque jour. Aussi nous pouvons dire qu'il s'agit là du langage de la foi puisque chaque remerciement, chaque louange est un acte délibéré de faire confiance à Dieu, de s'abandonner à sa puissance, son amour, sa sagesse et sa fidélité et cela quelle que soit l'évolution de la situation qui nous afflige. Il ne s'agit pas d'un acte de foi à faire au cours d'une prière le matin ou le soir, mais d'adopter un style de vie marqué par de continuelles expressions de notre confiance en Dieu et en sa Parole. Nos pensées doivent être saturées d'actions de grâce et de louange au point d'en devenir "accro". La foi, c'est un abandon total à Dieu en décidant de croire que sa promesse de tout faire concourir à notre bien est vraie et que tout ce qui nous arrive est pour nous le meilleur alors que tout ou presque semble démontrer le contraire. Notre confiance ne s'appuie pas sur ce que nous ressentons ou voyons, mais sur la vérité de la Parole de Dieu.

L'action de grâce

Elle consiste à remercier. Déjà dans l'Ancien Testament, le psaume 50 nous dit au verset 14 : *"Offre pour* **sacrifice** *à Dieu des actions de grâces"* et au verset 23, Dieu dit : *"Celui qui offre pour sacrifice des actions de grâces me glorifie".*

Le verset de base de 1 Thessaloniciens 5:18 : *"Rendez grâces en toutes choses car c'est à votre égard la volonté de Dieu en Jésus-Christ"* est complété et détaillé dans le chapitre 5, verset 20, de la lettre aux Ephésiens : *"Rendez* ***continuellement*** *grâces pour toutes choses* ***à Dieu le Père****, au nom de notre Seigneur Jésus-Christ".* Les informations nouvelles ici sont "continuellement" et "à Dieu le Père au nom de notre Seigneur Jésus-Christ". On s'en doutait mais c'est net et précis. D'ailleurs, dans Colossiens 2:6-7, Paul remplace l'adverbe continuellement par le verbe abonder : *"Marchez avec Jésus ...affermis par la foi et* ***abondez*** *en actions de grâce".*

Au départ, l'action de grâce est un acte de notre volonté, un acte d'obéissance à la Parole de Dieu. Mais si nous persistons, Dieu nous vient en aide en libérant sa puissance en nous. Nous ne comprenons ni le "pourquoi", ni le "comment" des événements que Dieu permet dans nos vies et il ne faut pas chercher à les comprendre, car Dieu veut que nous acceptions, avec notre raison, qu'il les contrôle de façon souveraine. Dieu veut que nous le remercions **pour** l'épreuve, d'une part comme marque de renoncement à notre moi et d'autre part comme la conséquence logique de notre acte de foi, qui nous conduit à croire que cette épreuve fait partie du plan de Dieu pour nous et que Dieu l'utilise pour notre plus grand bien.

La puissance de Dieu sera libérée dès que nous le remercierons pour notre situation actuelle et non malgré elle.

Il est évident que nous ne sommes pas naturellement habitués à dire merci pour des épreuves, des circonstances dramatiques, des douleurs, des catastrophes. Au contraire, notre "moi", c'est à dire notre vieille nature, nous pousse à nous révolter. Rendre grâce dans ces circonstances, c'est mortifier notre corps, c'est mourir à soi-même, c'est "porter sa croix" d'où le mot "sacrifice d'actions de grâce". Paul parle aussi de "sacrifice de louange" (Hébreux
13:15). *" Puis Jésus dit à tous : si quelqu'un veut venir après moi, qu'il renonce à luimême, qu'il se charge chaque jour de sa croix et qu'il me suive" (Luc 9:23).* Renoncer à nous-même, c'est refuser de faire notre volonté propre; nous charger chaque jour de notre croix, d'accepter la volonté de Dieu dans notre vie.

Quelquefois, lorsque nous nous trouvons enfermé dans une situation douloureuse sans issue humaine, cela va se traduire pour nous par :

- une **"acceptation de ce qui nous paraît inacceptable "**, de ce que nous avons toujours considéré inacceptable pour nous par exemple :
- l'acceptation de soi-même tel que l'on est, petit, trop grand, gros, pas très beau, avec un handicap etc.
- l'acceptation de sa solitude
- l'acceptation d'un conjoint tel qu'il est ou d'un divorce
- l'acceptation d'un travail que nous n'aimons pas
- l'acceptation d'un accident ou de la perte d'un être cher;
- un **abandon total** de nos prérogatives dans une situation que nous avions toujours considérée comme relevant de notre autorité, notamment vis à vis de nos enfants;
- un **"renoncement déchirant"** à quelque chose pour lequel nous nous sommes désespérément battu pour l'obtenir comme un enfant pour un couple qui ne réussit pas à en avoir, une promotion, une mutation en province, un terrain ou une maison que nous avions rêvé d'acheter, etc.

J'ai souvent remarqué que c'est au moment même où nous capitulons devant Dieu en acceptant ce qui nous paraît inacceptable que la puissance de Dieu intervient.

□ *La puissance de l'action de grâce et de la louange*

Notre vie va véritablement changer si nous mettons notre confiance en Dieu et en sa parole qui nous dit : *"Rendez grâce en toutes choses car c'est à votre égard la volonté de Dieu en Jésus-Christ" (1 Thessaloniciens 5:18).* Et par le même apôtre Paul, Dieu nous dit le pourquoi : *"Nous savons du reste que toutes choses concourent au bien de ceux qui aiment Dieu" (Romains 8:28).* Bien entendu, c'est encore par Jésus-Christ que toutes choses concourent à notre bien et que nous obtenons la victoire en toutes circonstances : *"Mais dans toutes ces choses, nous sommes plus que vainqueurs par Celui qui nous a aimés"(Romains 8:37).*

Un jour j'étais assiégé par des soucis que me donnaient mes études d'ingénieur que j'avais démarrées 4 ans plus tôt et j'en déprimais. Je priais mais l'obscurité augmentait sans cesse. Puis j'eus l'occasion d'entrer dans une profonde lecture pleine de méditation et je fus surpris de découvrir cette inscription : DIEU EST CELUI QUI NOUS ENVOIT TOUJOURS DES SOLUTIONS AVANT DE NOUS PRESENTER DES PROBLEMES CORRESPONDANTS.

C'est ce que j'avais intégré au plus profond de moi ; jusqu'à louer et rendre grâce à Dieu et, dans les jours qui suivaient, toutes les ombres s'évanouirent pour ne plus jamais revenir. Philippe Auzenet raconte également dans son livre "Quand la justice nous casse", son témoignage bouleversant de pasteur, brisé par la justice, suppliant Dieu du fond de sa cellule de prison. Là, il entendit Dieu lui dire plusieurs fois "LOUE-MOI". D'abord stupéfait, il se plia à la volonté de Dieu et sa vie changea complètement même dans sa prison.

A ce jour, je suis convaincu que la façon la plus simple et la plus extraordinaire, quant aux résultats et quant à notre changement de vie, de mettre en pratique et de faire grandir notre foi est de remercier et louer Dieu pour toutes choses. En effet, on peut avoir l'impression, par moments, que nous semblons louer Dieu même pour le mal, ce qui serait blasphématoire. Je ne crois pas du tout que ce soit là notre intention seulement il suffit de croie que Dieu a un projet de paix et jamais de malheur pour nous.

C'est ce que Dieu a révélé aussi dans les années 60 à Don Gosset puis dans les années 70 à Merlin Carothers et nous l'a révélé, à notre tour! D'ailleurs, on y insiste encore dans les enseignements sur le jeu de la vie «seulement, il me semble cependant qu'il nous faut aborder ces genres d'ouvrage avec un peu de recul : certains chapitres peuvent en effet nous surprendre au premier abord. Peut-être à cause de notre foi basée sur la mort et la résurrection de Jésus Christ, ce livre donne des explications sur le bienfondé de la réincarnation, entant qu'un processus continu et aléatoire pour tout être vivant. D'autre part le style très direct ainsi que certains témoignages peuvent étonner ou même nous révolutionner.

En janvier 2017, je suis tombé sur le livre « Vaincre les sentiments d'échecs » d'un auteur anonyme. Là, ce fut une véritable révélation, sans doute par le contenu de l'ouvrage qui expliquait vraiment le pourquoi de la louange, mais aussi probablement par l'action du Saint-Esprit jugeant le temps propice pour moi. Alors, j'ai lu et relu cet ouvrage et plusieurs autres du même auteur, ainsi que d'autres ouvrages sur le même sujet mais écrits par d'autres auteurs. Mais, je louais Dieu **pour** l'épreuve et non **malgré** l'épreuve comme le préconise l'auteur qui va d'ailleurs jusqu'à dire : "Parfois, plus nous prions et demandons à Dieu de nous aider, plus les difficultés semblent grandir. Le changement ne pourra s'opérer qu'au moment où nous louerons Dieu **pour** notre situation au lieu de le supplier de nous en retirer". Puis en février 2017, j'ai relu beaucoup d'ouvrages sur la louange et le Saint-Esprit a brisé en moi les derniers obstacles à une vie de louange et j'ai compris plusieurs points importants, que je donne ici.

- J'ai compris la nécessité de louer Dieu pour l'épreuve. Pourquoi faut-il aller jusque-là ? Parce que Dieu va ***se servir*** de nos épreuves, de nos souffrances, éventuellement de nos erreurs et des péchés de notre passé, pour ***en faire ressortir du bien***, pour ***œuvrer en notre faveur*** *par sa puissance*. Dieu se servira de tout ce que nous avons fait ou de ce que nous n'avons pas fait pour accomplir sa volonté à travers nous, pour faire avancer le Royaume de Jésus-Christ.

-j'ai appris de vivre tout en étant joyeux bien que ma conscience reconnaissait les problèmes qui me ramenais entre la vie et la mort.

- J'ai compris que l'acte de foi qui nous est demandé ne nécessite pas de notre part de «Sentir" quelque chose, d'avoir des sentiments : c'est un acte de volonté.

- J'ai mieux saisi l'importance d'associer au contrôle des pensées à l'action de grâce et la louange.
- J'ai découvert que, face aux attaques de Satan, la louange est puissante.
- J'ai compris que Parfois, plus nous prions et demandons à Dieu de nous aider, plus les difficultés semblent grandir. Le changement ne pourra s'opérer qu'au moment où nous louerons Dieu pour notre situation au lieu de le supplier de nous en retirer.

Avant la préparation de ce livre sur l'expérimentation de la foi, je fus attaqué un jour par Satan qui me ramenait des pensées sur des événements pénibles de mon passé pour lesquels Jésus m'avait libéré.

A voix basse, j'appliquai tout ce je connaissais pour chasser ces pensées, mais en vain. Alors, je sortis dans ma parcelle et à voix haute, j'interdis à Satan, au nom de Jésus, de venir perturber mes pensées selon les règles du combat spirituel. Sans résultat hélas!

Alors, je revins à mon bureau et fis cette prière : "Seigneur, je te rends grâce pour ces pensées que je n'aime pas mais que tu tolères pour moi. Je décide de croire que tu veux m'enseigner quelque chose à partir de cette épreuve, et je te fais confiance. Louange et gloire à toi". Je restai quelque jour dans la louange et après, j'étais libéré!

J'ai lu plus d'une dizaine d'ouvrages spirituels et dans ces livres j'ai lu de nombreux exemples où la louange a réussi alors que des prières, des supplications, des impositions de main avaient été faites pendant des années et quelque fois des dizaines d'années sans succès.

➢ Comment renoncer à soi-même?

o La nécessité de vivre par la foi

Que de déceptions pour chacun de nous face à tant de prières non exaucées, qu'il s'agisse de prières personnelles ou des prières de frères et sœurs dans un groupe de prière ! Pourtant, les promesses de Dieu sont là, aussi simples que belles, trop sans doute : *« Demandez, et l'on vous donnera; cherchez, et vous trouverez; frappez, et l'on vous ouvrira »* (Matthieu 7 :7). *« Et moi, je vous dis: Demandez, et l'on vous donnera; cherchez, et vous trouverez; frappez, et l'on vous ouvrira »* (Luc 11 :9). J'ai souvent été déçu et même irrité de constater l'abîme entre ces promesses et la réalité. Mais si de telles promesses vastes et généreuses étaient accordées sans condition, il ne faudrait pas longtemps pour que Dieu soit réduit à un être ordinaire.

De plus, si ces promesses devaient être accordées « systématiquement » en fonction d'une « bonne conduite », la grâce n'aurait plus raison d'être. En réalité, dans sa grande sagesse, Dieu a posé une condition respectant sa souveraineté : la foi de Dieu, sa foi qu'il accorde de préférence à ses enfants lorsqu'ils sont en **communion** avec lui. La Bible nous montre dans Jean 12 :42-43 que beaucoup de chefs ont reconnu Jésus mais ils n'avaient pas le courage de le dire en public de peur d'être chassé. « *Cependant, même parmi les chefs, plusieurs crurent en lui; mais, à cause des pharisiens, ils n'en faisaient pas l'aveu, dans la crainte d'être exclus de la synagogue. Car ils aimèrent la gloire des hommes plus que la gloire de Dieu.* » Cela pour dire que pour avoir la foi premièrement, il faut être agréable à Dieu non pas à nous-mêmes ni aux autres et dans ce cas nos prières aurons des exaucements à chaque fois que nous les adresserons a l'éternel des armées. Parfois on a peur de ne pas plaire aux gens de peur qu'ils ne nous refusent. Si nous perdons contrôle on n'aura devant nous que « être agréable aux gens.»

Pourquoi devons-nous avoir la foi?

Dieu nous adresse un même commandement dans quatre versets bibliques, ce qui est assez rare : *« le juste vivra par la foi » (Habakuk 2:4, Romains 1:17, Galates 3:11, Hébreux 10:38).* Rares aussi sont les mots de la Bible qui englobent autant de choses que le mot « vivra » de ce commandement de Dieu : « le juste vivra par la foi ». Quant à la foi en question, il ne s'agit pas seulement de notre foi lors de culte du dimanche matin ou même lors de nos prières quotidiennes, non, il s'agit de la foi dans tous les domaines de notre vie sans exception aucune, notamment dans notre vie estudiantine, notre vie familiale et donc même pour tout ce qui concerne les enfants, pour ceux qui en ont, car comment approfondir mes expériences avec le seigneur sans penser aux enfants ; Etant donné que je suis également passé par là où ils sont ; Alor qu'a l'âge de 14 ans avant de me séparer momentanément de mes parents pour parvenir cette fois-là a changé trois fois d'écoles dans un espace de 5 ans, en suite arriver à déménager d'un ménage à l'autre jusqu'à huit fois dans une période de quatre ans ; sans parler d'autres détails au cours de ce moment difficile.

Néanmoins avant tout ces évènements, je me rappelle un jour lors d'un voyage misérable avec mon père, en pleine brousse, par la foi et d'ailleurs en secret j'adressa à Dieu une requête inoubliable selon laquelle la déclaration principale était que : à partir de la *dixième année après ce moment-là,* que le Tout Puissant fasse de moi un homme accompli et donc mature ou encore capable de vaincre a tout pris toute forme de souffrance, et d'instabilité de vie et surtout le déséquilibre quelconque sous toutes ses forme. Cela s'est exactement accomplit comme tel et je n'hésite pas quand même de signaler que depuis que j'avais totalisé 24 ans c'est-à-dire 10 ans plus tard, jusqu'à ce jour, je vie la paix de Dieu que personne ne peut comprendre. *Phil 4 :7. Et la paix de Dieu qui surpasse toute intelligence gardera nos cœurs et nos pensées en jésus christ.* Et même l'élaboration de ce livre pour la gloire du Très Haut me prouve cette véracité des faits. Je me permets de parler de moimême car cette prière faite il-y-a 10 ans ne cessait de raisonner en moi par la foi jusqu'à ce jour mais cette fois-ci accompagnées des fruits fiable et digne de la gloire de Dieu. *2 cort 10 :17 que celui qui se glorifie se glorifie dans le seigneur.* Il s'agit encore des multiples petits ou grands événements de la vie : choix du conjoint, mariage, études, achat d'un appartement ou construction d'une maison, finances etc... Dieu s'intéresse vraiment à chaque détail de notre vie, et en nous demandant de vivre tout cela par la foi.

Dieu considère la confiance que nous lui témoignons comme l'expression de notre amour pour lui. Voilà une vérité qui devrait nous aider beaucoup dans nos actes de foi, si difficiles à faire parfois. Si nous aimons Dieu, nous devons LUI faire confiance, ce que nous pouvons aussi exprimer d'une manière plus forte en disant : nous sommes hypocrites si nous disons à Dieu que nous l'aimons alors que nous ne lui faisons pas confiance. Cette vérité essentielle pour notre foi m'a été révélée par Dieu à travers une expérience spirituelle faite dans mes études.

J'étais en effet un peu irrité que Dieu ne se comporte pas aussi mieux envers moi qu'envers mes amis, LUI Dieu en tant que père de tous bien sûr, je l'aurais fait si j'en avais eu le pouvoir. Et Dieu m'a fait comprendre que : « son amour n'est pas un amour d'homme, mais un amour basé sur la confiance. Et qu'il me garde sa confiance, il a toujours gardée. A moi de croire en son amour.» Ainsi, nous pouvons affirmer que, pour vous comme pour moi, il n'y a pas d'alternative à ***la foi***, c'est à dire qu'il n'y a aucune autre solution acceptable pour un chrétien en dehors de ***la foi***. Le plus souvent, les gens essaient de plaire à Dieu par des œuvres, par la moralité, par des activités religieuses. Tout cela est bon, mais sans la foi, rien de cela ne peut plaire à Dieu. Il faut aussi croire qu'il rémunère, ou récompense, ceux qui le cherchent, c'est à dire croire que la nature de Dieu est d'être bon, constamment bon ; ce qui est impossible au meilleur des pères humains. Cette bonté de Dieu, sa sagesse, sa puissance et sa fidélité sont le fondement de notre confiance en lui, ce qui nous permettra de recevoir la foi nécessaire à l'exaucement de nos prières. Alors en rapport avec nos bénédictions, j'insiste en disant: qu'il n'y a qu'une seule voie d'accès à tous les trésors de Dieu, c'est la voie de la foi. Tout est possible à celui qui croit : toutes les promesses de Dieu sont à sa disposition ».

- **Choisir la foi ou la peur**

L'opposé de l'esprit de la foi est l'esprit de la peur. Alors que l'esprit de la foi vient de Dieu, l'esprit de la peur vient de l'ennemi. *« Car Dieu ne nous a pas donné un esprit de peur, mais de puissance, d'amour et de sagesse » (2 Tim 1:7).* On ne peut fonctionner dans un esprit de foi et dans un esprit de peur en même temps. On va vivre dans l'un ou dans l'autre. On doit s'opposer à l'esprit de peur pour fermer la porte au diable et éviter d'être paralysé quand on veut aller de l'avant dans les plans de Dieu pour nous.

Est-ce que les gens qui ont un esprit de foi sont confrontés à la peur ? Absolument ! Jésus était un homme de foi, mais dans sa prière une fois il a dit au père que la coupe s'éloigne de moi (Mathieu 26 :39). David également a tué un lion, un ours, un géant, des centaines de philistins, mais a un moment il avait l'impression de passer par la vallée de l'ombre de la mort, en plus, tout au long du livre des psaumes, nous voyons qu'il était aussi apeuré, qu'il se sentait abandonné, et il ne savait quoi faire. Comment cet homme de foi réagissait-il ? Il criait pour demander de l'aide à Dieu : *« J'ai cherché l'Eternel et il m'a répondu ; il m'arrache à toutes mes frayeurs. Quand on regarde à lui, on resplendit de joie et le visage n'a pas à rougir. Quand un malheureux crie, l'Eternel entend et le sauve de toutes ses détresses. » (Psaume 34 :5-7)* .

- **Comment manifester notre foi ?**

Par un acte de notre volonté, nous avons décidé de croire que Dieu contrôle et dirige chaque détail de notre vie et fait concourir toute épreuve à notre bien et pour sa gloire. Il importe maintenant d'en tirer les conséquences, d'agir sur la base de notre acte de foi.

Comment ? De trois manières : l'action de grâce, la louange, la joie comme énuméré plus haut.

□ Lever les limites

Opérer dans l'esprit de la foi, c'est prendre Dieu au mot – c'est croire que ce que la Bible dit est vrai et c'est agir alors selon cette vérité. Cela plait à Dieu et il va relâcher sa puissance surnaturelle. Chaque fois que Jésus venais vers ceux qui l'appelaient dans l'espoir d'être guéri, il était saisi de compassion et répondait à leurs cris. D'un autre côté, l'Ecriture nous dit que Jésus n'a pas pu accomplir d'œuvres puissantes à cause de l'incrédulité et du manque de foi (voir Matthieu 13.58). Accepter des pensées négatives et prononcer des paroles de doute et d'incrédulité limite la puissance de Dieu, mais méditer sur Ses promesses et proclamer Ses promesses à voix haute élève les limites de ce que Dieu peut faire dans nos vies. Agir dans l'esprit de la foi ne nous protègera pas d'affronter des orages dans nos vies, mais cela va nous aider à y faire face et en triompher.

C'est très important de réaliser que vivre par la foi n'est pas une option parmi tant d'autres – c'est une obligation.

L'Ecriture dit que le juste vivra par la foi, et que sans la foi, nous ne pouvons plaire à Dieu (Rom 1.17, Héb 11.6). Dieu cherche des personnes qui agissent avec un esprit de foi pour qu'Il puisse accomplir Sa volonté sur la terre et bénir leur vie. *Es 30.18 dit « et pourtant l'Eternel attend le moment de vous faire grâce et il se lèvera pour vous manifester sa compassion, car l'Eternel est un Dieu juste. Heureux tous ceux qui se confient en lui ! »*.

Wow ! Quelle promesse ! Et cela n'est pas limité à un petit nombre. Cela est à la portée de « CELUI » qui **croit** dans son cœur et **confesse** de sa bouche.

CHAPITRE 3 : LA FOI : UNE FERME ASSURANCE !

La Bible nous dit que ***"la foi est une ferme assurance des choses qu'on espère, une démonstration de celles qu'on ne voit pas" (Hébreux 11 : 1).*** Ce verset attire notre attention sur ce que doit devenir notre foi *:* "une ferme assurance des choses qu'on espère". On doit devenir convaincus, au profond de nous-mêmes, de la réalité de ce qu'on ne voit pas mais de ce que la parole de Dieu déclare être. Il est évident que l'on n'a pas, dès le départ, obligatoirement une telle foi.

Le centenier qui vint au-devant de Jésus pour son serviteur (Luc 7 : 9) et la femme atteinte d'une perte de sang (Marc 5 : 25-26) avaient une forte foi. Le père du jeune homme démoniaque, qui s'écrie ***"je crois, viens au secours de mon incrédulité" (Marc 9 : 24)*** semble en avoir bien moins, ce qui ne l'empêcha pas de recevoir son miracle. Souvent les personnes inconverties ou nouvellement converties qui, spécialement lors de grands meetings sont guéries, le sont en ayant elles-mêmes très peu de foi.

Les dons de guérison se manifestent car la foi d'autres personnes supplée à la faiblesse de la leur. Mais par la suite, Dieu les appelle et leur donne du temps pour bâtir leur foi, par la lecture, la méditation et l'écoute de la Parole de Dieu. La foi est une graine que l'on arrose avec la Parole de Dieu et qui grandit, grandit...

Dieu fait au départ avec notre petite foi, mais Il ne fera pas toujours tant que notre fois reste statique. Beaucoup de points de la Parole semblent paradoxaux et pourtant doivent marcher ensemble. Avec le Seigneur, c'est en étant le serviteur de tous que l'on devient grand (Matthieu 18 : 26). C'est en perdant sa vie que l'on reçoit (Luc 6 : 38). C'est en devenant comme un petit enfant que l'on acquiert la maturité (Matthieu 18 : 3 à 4). C'est en étant prêt à renoncer que l'on obtient. Dieu nous demande à la fois d'être prêts à renoncer, tout en ayant la foi en ce qu'Il va accomplir Ses promesses, ce qui sous-entend de ne pas renoncer à la conviction de recevoir ce qui est promis.

Abraham a renoncé à Isaac en décidant d'obéir à Dieu et en l'offrant en sacrifice, mais la Parole nous dit dans Hébreux 11 : 19 que, dans sa tête, il pensait que Le

Seigneur allait quand même, d'une manière ou d'une autre, lui donner la postérité promise en Isaac précédemment. La foi, pour être efficace, doit être mise en action dans le bon état d'esprit. "Est-ce d'une manière désintéressée que Job craint Dieu ?" dit

Satan à Dieu (Job 1 : 9). Abraham renonça à Isaac quand Dieu le mit à l'épreuve (Genèse 22 : 1). Les bénédictions du Seigneur sont à nous dans la mesure où nous mettons notre foi en action pour nous les approprier et où nous ne dépendons pas d'elles pour aimer Dieu et Le servir. *"Mon cœur et ma chair peuvent se consumer"* dit David, *"l'Eternel sera toujours le rocher de mon cœur et mon partage" (Psaumes 73 : 26).*

Souvent Le Seigneur ne nous exauce pas, non pas parce que ce que nous demandons n'est pas dans Sa volonté, mais parce que nous sommes trop dépendants de cet exaucement. Dieu veut être aimé pour ce qu'Il est et non pas, avant tout, pour ce qu'il, nous donne. Il arrive que Le Seigneur nous demande de renoncer à une chose pour mieux nous la donner. Ceux qui sont dans le ministère le savent bien. Quand nous perdons de vue que tout est à Dieu et que c'est Lui qui commande, qu'Il fait ce qu'Il veut, comme Il veut, avec qui Il veut, et que nous essayons de faire le travail à Sa place, Il nous demande de renoncer. Le Seigneur veut nous donner ce que notre cœur désire, c'est vrai, mais voilà comment cela marche (Psaumes 37 : 4) : "Seigneur je veux à tout prix aller à Paris, j'en suis malade je prends Paris par la foi". Dieu répond : "non !" "Comment Seigneur, mais la Bible dit que Tu veux nous donner ce que notre cœur désire !"... Pas de réponse ! "Bon, eh bien j'ai compris : Je T'aime Seigneur, envoie-moi où Tu voudras, après tout ce n'était pas si important, Toi tu es ma ville". Où veux-tu que j'aille alors, Seigneur ?" Et Le Seigneur répond: " A Paris bien sûr !". C'est en étant prêt à renoncer que l'on reçoit de Dieu (Marc 10 : 28 à 31). Quand un enfant commence à faire ses premiers pas, on ne lui demande pas ce que l'on exigera d'un enfant de dix ans. Il en est de même avec la marche dans la foi, nous sommes appelés à faire grandir notre foi au fur et à mesure que nous grandissons en connaissance. Il nous faut avoir, pour objectif, que notre foi devienne à la longue une ferme assurance des choses qu'on espère.

- *LA FOI EST PLUS QUE DE L'ESPERANCE*

L'absence de foi suffisante pour provoquer le miracle a des causes différentes. Très souvent, cela vient du fait que l'on n'a jamais été enseigné sur ce qu'est vraiment la foi, et tout ce qu'on arrive à mettre en action c'est de l'espérance et non la foi. Mais si on ne sait pas, on ne sait pas c'est tout. C'est normal que l'on manque de foi, on a besoin d'être enseigné et non pas qu'on nous reproche de n'avoir pas assez de foi. Si on ne sait pas que Dieu la plupart du temps guérit progressivement, c'est normal qu'on ne croît pas qu'Il nous a touché lors de la prière si l'on ne voit pas la manifestation immédiate de cette guérison. C'est un manque de foi qui n'est pas la conséquence de mauvaise volonté pour avoir la foi. Nous n'avons rien à prouver, ni vous, ni moi. Mais apprenons à grandir dans la foi afin d'aller de victoires en victoires, de résultats en résultats. Ces résultats, ces victoires ne doivent pas être néanmoins une occasion de glorification personnelle ou de chute pour les autres aussi longtemps que cela dépend de nous.

Une foi ferme est bien plus que simplement l'espérance, la foi est la transformation de l'espérance en certitude. La foi est la ferme assurance des choses qu'on espère, ce n'est pas espérer des choses. L'espérance précède la foi, mais ne peut rien nous apporter si elle reste au stade d'espérance et ne se transforme pas en certitude. Beaucoup de frères et sœurs espèrent que Dieu va faire ceci ou cela pour eux, et Dieu ne fait rien car c'est la foi qu'Il veut, et non seulement de l'espérance. Jésus a dit : ***"tout ce que vous demanderez en priant, croyez que vous l'avez reçu et vous le verrez s'accomplir" (Marc 11: 24).*** La foi, ce n'est pas espérer que l'on va recevoir. Ce n'est non plus croire que l'on va recevoir. La foi, c'est croire que l'on a reçu !

- *LA FOI, EVIDENCE DES CHOSES QU'ON NE VOIT PAS*

La Bible déclare que nous ***"marchons par la foi et non par la vue" (2 Corinthiens 5 : 7).*** Le Seigneur ne nous demande pas de voir ou de sentir pour croire, mais de se fier à ce qu'Il dit, "tout simplement". Et c'est là le point le plus dur pour nous humains qui avons été habitués pendant des années à être conduits par nos sens, nos émotions, notre vue. Nous avons dans ce monde des expressions telles que : "Moi, je ne crois que ce que je vois...". Le Seigneur nous demande de chambouler totalement notre manière de penser et de raisonner.

La Bible enseigne que ce que nous croyons, nous le verrons. C'est tout le contraire ! Elle affirme encore : ***"Que Dieu soit reconnu pour vrai, et tout homme pour menteur" (Romains 3 : 4).*** "L'homme charnel" marche en se fiant à ses sens, il ne peut comprendre les choses de Dieu (1Corinthiens 2 : 14).

La foi et l'attitude de "l'homme spirituel" consistent à croire Dieu, contre toute évidence qui voudrait contredire Sa Parole. Si Dieu me déclare guéri, par exemple, je dois croire que je suis guéri même si les symptômes de la maladie sont encore visibles et se font encore sentir. Je choisis de croire en Dieu contre toute évidence contraire; l'évidence reelle suivra. Ma foi doit motiver mes sens et non pas mes sens conditionner ma foi.

Cela paraît fou, n'est-ce pas ? Mais ***"Dieu n'a-t-il pas convaincu de folie la sagesse du monde ?" (1Corinthiens 1 : 20).*** Les lois qui régissent le royaume de la lumière sont contraires à celles qui régissent le royaume des ténèbres (1Thessaloniciens 5 : 5). La sagesse du monde est folie aux yeux du Seigneur et la sagesse de Dieu est folie aux yeux du monde. C'est pourquoi il nous est dit ***"si quelqu'un parmi vous pense être sage selon ce siècle, qu'il devienne fou, afin de devenir sage" (1Corinthiens 3 : 18).*** Le verset 24 du chapitre 11 de Marc ne nous dit pas "voyez que vous l'avez reçu et vous croirez que c'est accompli", mais ***"croyez que vous l'avez reçu et vous le verrez s'accomplir".*** Croire précède voir ! Voir avant de croire, ce n'est plus de la foi. La foi, c'est l'évidence des choses qu'on ne voit pas, c'est marcher sans la vue. Cela ne veut pas dire que ce que nous voyons et sentons est toujours contraire à la volonté de Dieu, non, mais que lorsque nos sentiments "s'alignent" avec cette volonté c'est tant mieux, quand ils ne s'alignent pas - car la chair a des désirs contraires à ceux de l'esprit (Galates 5 : 17) - c'est tant pis et cela ne doit pas ébranler, conditionner, notre foi.

➢ ***Etre prêt à renoncer sans renoncer***

Notre père Abraham, modèle de foi (Romains 4 : 16), reçut des promesses, mais il ne lui fut donné d'en jouir qu'une fois qu'il y eut renoncé. Comment cela est-il conciliable ? On peut être dans la foi mais être tellement accroché au désir de recevoir qu'on en est esclave et que ce désir devient implicitement une condition pour continuer à servir Dieu. On peut donner, mettre la loi des semences et des récoltes en action dans le seul but de récolter, par exemple. Cela c'est agir dans un mauvais état d'esprit. Il n'est pas malsain d'attendre, en retour de notre obéissance au Seigneur, que Celui-ci nous bénisse ; en fait ne pas attendre en retour est un manque de foi en Ses promesses mais ce retour ne doit pas être la motivation première qui nous pousse à obéir.

Je crois que nous sommes appelés à viser à cela, pas moins ! Mais parfois, nous ne sommes pas à même de livrer ce que j'appelle le combat de la foi, pour une raison ou pour une autre. Alors il est inutile d'un côté de se culpabiliser, d'un autre de se laisser mourir.

Prenons les autres moyens que Dieu a mis à notre disposition, car c'est Lui qui a placé les médecins, ce n'est pas le diable tout de même ! Il n'y a aucune honte à faire appel à eux. Merci Seigneur pour les docteurs ! Beaucoup de gens imaginent que lorsque vous parlez pour quelque chose, cela veut dire que vous parlez automatiquement contre une autre, ce qui est faux. L'esprit de culpabilité essaye de se faufiler partout. Lorsque l'on prêche la guérison divine, il y a toujours des personnes malades qui ont l'impression qu'on les accuse de ne pas avoir assez de foi, de ne rien comprendre et d'être malades tout simplement. Il est vrai qu'il est facile d'être maladroit avec cette "histoire" de foi.

A une époque, il semblait que tout ce que l'on trouvait à dire aux personnes malades qui n'étaient pas guéries, pour les "encourager", c'était : "vous manquez de foi" ! J'ai rencontré dernièrement une chère sœur qui me parlait d'un tel et d'une telle qui avaient été guéris par la puissante main de Dieu, puis elle a ajouté tristement : "Moi je suis passée au travers, sans doute que je n'avais pas assez de foi, j'espère que le Seigneur me pardonne". Croyez-moi, s'il y a une chose dont j'étais loin d'avoir à cœur de lui dire , moi qui prêche la foi en long et en large, c'était : "C'est vrai, vous manquiez certainement de foi". C'est plutôt la compassion qui a rempli mon cœur. Si la compassion dirigeait plus souvent nos actes et nos paroles, nous serions beaucoup moins maladroits. C'est vrai que le manque de foi est une des principales raisons, non la seule, qui empêche les enfants de Dieu de saisir les bénédictions que Le Seigneur a en réserve pour eux.

➢ *la foi, c'est croire que c'est accompli !*

Beaucoup de personnes, des plus sincères, pensent avoir la foi parce qu'elles ont dépassé le stade de l'espérance, elles sont persuadées, donc ont une ferme assurance, que Dieu va les exaucer. On voit même des frères mourir en confessant sur leur lit de souffrances "Dieu va me guérir, Dieu va me guérir, j'en suis sûr ! ..." Le point que je veux soulever ici est d'une importance capitale, même s'il peut paraître à certains que j'essaye de "couper les cheveux en quatre" : La foi ce n'est pas avoir la ferme assurance que Dieu va agir. La foi ne concerne pas le futur, mais le passé. La foi c'est croire que c'est accompli.

C'est ce que la Bible nous enseigne. Comprendre à moitié un principe, comme celui de la foi, ne fait pas que ce principe va malgré tout porter du fruit dans notre vie. La foi est une ferme assurance, certes, mais une ferme assurance de ce que l'on a reçu l'objet de notre demande et non pas de ce qu'on va le recevoir. Jean, dans sa première épître, déclare : ***"Quelque chose que nous demandons selon sa volonté, nous savons que nous possédons la chose que nous lui avons demandée" (1Jean 5 : 15).*** "Nous possédons..." ; si nous possédons c'est parce que nous avons reçu ! Pierre, de son côté, affirme : ***"lui par les meurtrissures duquel vous avez été guéris (1Pierre 2 : 24).*** Nous avons été guéris, c'est fait !

Alors là, peut-être que vous ne me suivez plus du tout : "comment pouvons-nous être guéris tout en étant toujours malades ? La Bible nous dit, nous laissant un exemple à suivre, que Dieu ***"appelle les choses qui ne sont point comme si elles étaient" (Romains 4 : 17).*** Souvenez-vous, nous avons parlé de croire sans voir, contre toute évidence contraire, nous avons parlé de "folie" aussi. Ce que nous ne voyons pas dans notre monde matériel, si Dieu l'a déclaré être dans le monde spirituel (d'où l'importance de toujours baser sa foi sur une parole de Dieu), nous pouvons croire que cette chose existe vraiment. Il est vrai que nous allons la recevoir de manière visible, physique, palpable, matérielle, mais nous l'avons déjà reçue spirituellement et le spirituel, pour un chrétien, doit être plus concret que le matériel.

Nous devons apprendre à regarder d'abord avec les yeux de l'Esprit, si nous voulons pouvoir voir ensuite avec ceux de la chair.

➢ *Le cas d'Abraham*

Abraham était l'homme de foi par excellence. Il est le père de tous les croyants à cause de la foi inébranlable qu'il a eue en Dieu et en Ses promesses Que nous montre l'Ecriture au sujet d'Abraham (Romains 4 : 18 à 21) ? Qu'il avait reçu de Dieu la promesse qu'il aurait une postérité, lui qui était déjà bien avancé en âge et dont la femme était stérile. Qu'il ***"crut contre toute espérance..."*** et que "***sans faiblir dans la foi, il ne considéra point que son corps était déjà usé, puisqu'il avait près de cent ans et que Sarah n'était plus en état d'avoir des enfants. Il ne douta point par incrédulité au sujet de la promesse de Dieu, mais il fut fortifié par la foi, donnant gloire à Dieu et ayant la pleine conviction que ce***

qu'il promet, il peut l'accomplir". Abraham crut alors qu'humainement parlant il n'avait aucune raison de croire, et alors même qu'il était, de toute évidence, absurde de croire.

Nous retrouvons ici tous nos points vus précédemment : Abraham espéra d'abord, puis son espérance se transforma en foi. Il persévéra aussi, ne considéra point les signes extérieurs qui auraient pu anéantir sa foi. La foi d'Abraham fut de nouveau fortement mise à l'épreuve quand Dieu lui demanda d'offrir son fils Isaac en sacrifice, alors qu'il avait reçu la promesse : ***"en Isaac sera nommée pour toi une postérité! " (Hébreux 11 : 17 à 19).*** Il ne mit pas en doute les paroles de Dieu qui, à première vue, semblaient franchement se contredire : Le Seigneur lui avait promis une postérité en Isaac et Il lui demandait maintenant d'immoler ce même Isaac. Je ne sais pas comment vous auriez réagi, mais moi j'y aurais "perdu mon francais". Abraham, lui, n'a pas choisi - et il avait des raisons d'être tenté de le faire - de déduire que Dieu ne savait ce qu'Il faisait.

Il a cherché à trouver une synthèse aux paroles de l'Eternel. Il pensait, nous dit Paul dans le verset 19 du chapitre 11 de l'épître aux Hébreux, ***"que Dieu est puissant même pour ressusciter les morts".*** C'est-à-dire que si Dieu avait promis la postérité par Isaac, la mort même d'Isaac n'allait rien y changer, Dieu ressusciterait Isaac, "un point c'est tout. C'est ce qui s'appelle avoir confiance en Dieu, c'est ce qui s'appelle aimer Dieu, c'est ce qui s'appelle avoir foi en Dieu.

➢ la foi, c'est croire d'abord

Avoir la foi en quelque chose, c'est d'abord croire que cette chose existe. Avoir foi en Dieu commence par croire que Dieu existe: ***"Il faut que celui qui s'approche de Dieu croie que Dieu existe"*** (Hébreux 11 : 6). Maintenant, croire ne suffit pas à définir ce qu'est la foi. Les démons croient que Dieu existe, Satan aussi, mais cela ne leur sert à rien et ne les empêchera pas de finir dans "l'étang de feu" (Apocalypse 20 : 10). *LA FOI C'EST PLUS QUE CROIRE* !

La Bible ne dit-elle pas pourtant que "celui qui croira et qui sera baptisé sera sauvé" (Marc 16 : 16) ? Et elle affirme : ***"Crois au Seigneur Jésus et tu seras sauvé..." (Actes 16 : 31).*** Le mot grec traduit par "croire" signifie littéralement "adhérer", celui rendu par foi, "adhésion". Or, selon le dictionnaire, l'adhésion au sens premier du terme est "une force qui s'oppose à la séparation de deux corps mis en contact". Lorsque l'on adhère à une chose, on fait bien plus que croire en son existence, on ne fait qu'un avec elle. Le fait de croire seulement est insuffisant et ne saurait-nous aider à saisir par la foi ce que le Dieu nous destine. Il nous faut donc lire les versets cités plus haut, selon ce qui suit : "celui qui adhérera sera sauvé", et "adhère au Seigneur Jésus et tu seras sauvé".

CHAPITRE 4 : LA FOI EST BASEE SUR AUMOINS UNE PAROLE DE DIEU !

Dans Romains 10 : 17 nous pouvons lire que « La foi vient de ce qu'on entend ou perçoit - et ce qu'on entend vient de la parole de Christ.» La vraie foi, la foi de Dieu, la foi biblique, est toujours basée sur une parole de Dieu : soit une parole lue et comprise dans la Bible, soit une parole reçue dans la prière ou en marchant tout simplement dans la rue. Par "lue et comprise", "reçue", j'entends en fait révélée. Pas superficiellement comprise, c'est-à-dire seulement avec l'intellect, mais intérieurement, une parole qui trouve écho dans notre cœur.

En d'autres termes, notre esprit reçoit le témoignage du Saint Esprit que "c'est pour nous" ou que "ça veut dire ceci et non pas cela" (Romains 8 : 16). Le mot grec utilisé dans le verset de Romains 10 : 17, traduit par parole, est le mot "rhéma", qui signifie : parole perçue ou révélée. La parole en elle-même ne peut nous être d'aucune utilité aussi longtemps qu'elle est incomprise, et peut devenir une arme à double tranchant. La Bible dit que c'est la révélation de la parole de Dieu qui éclaire (Psaumes 119 : 130). Satan n'a-t-il pas utilisé la parole de Dieu contre Jésus Lui-même (Luc 4 : 9) ?

Regardez les témoins de Jéhovah : Certains connaissent presque la Bible par cœur. Quelle en est l'utilité ? A quelle fin?

- vous devez recevoir une parole personnelle de Dieu. Si c'est le cas, alors oui, persévérez, battez-vous, priez la prière de la foi, hâte la venue de l'accomplissement. Mais faites attention sur quoi s'appuie votre foi, sur quelle promesse exactement. Beaucoup de personnes gâchent leur vie à cause d'une mauvaise interprétation de la Parole concernant plusieurs sujets délicats, tels que ceux cités précédemment; en plus elles ont souvent reçu une de ces prophéties ou exhortations que je qualifierais de "bon marché", qui ne confirme rien que le Seigneur ait préalablement montré à la personne directement intéressée.

Il y a certains conseils qui n'engagent que ceux qui les donnent et contre lesquels on ne mettra jamais assez en garde. Il est facile de conseiller aux autres toutes sortes de choses lorsque l'on ne se trouve pas dans leur situation, que l'on ne souffre pas comme ils souffrent, sans prendre la peine d'analyser chaque cas séparément; "la Bible dit, hop... !" Vous voyez, la foi ce n'est pas réclamer, en priant, tout ce que l'on veut et l'obtenir. La foi doit toujours être basée sur une Parole de Dieu. Il nous faut prier, dans ces cas-là, pour que Dieu nous révèle Sa volonté en ce qui concerne notre appel et Son désir de nous utiliser ; Il nous révélera aussi ce qu'Il juge bon de nous révéler à l'instant. Et là nous pouvons prier avec des "si", alors que dans une prière de foi ces "si" sont l'expression de l'incrédulité jusqu'à ce que nous ayons une réponse du Seigneur.

Exemple : "Si Tu veux que je fasse ceci ou cela, je suis prêt, fais-moi connaître simplement Ta volonté à mon égard". Il y a des paroles personnelles que nous devons recevoir du Seigneur et qui ne nous concernent pas tous obligatoirement. Par exemple : Là je risque d'en faire bondir plusieurs, on ne peut pas s'appuyer sur le verset d'Actes 16 : 31 qui dit : "Crois au Seigneur Jésus et tu seras sauvé toi et toute ta famille", et prendre par la foi, sans autre parole de Dieu, le Salut de toute sa famille, sans plus réfléchir.

Nous entendons souvent prêcher cela. Combien de personnes se culpabilisent parce que les leurs ne sont pas sauvés. Je tiens à vous rassurer, si vous faites partie de ces personnes, beaucoup de grands serviteurs de Dieu, qui marchaient dans les voies de Dieu, n'avaient pas leurs enfants, ou pas tous, convertis. A commencer par plusieurs personnages de la Bible, et non des moindres, tels que Eli, Samuel, etc. (1 Samuel 2 : 12 ; 8 : 3). Dieu ne force personne à se convertir, et la prière, comme la foi, n'est pas une méthode destinée à passer au-delà des lois de justice et d'équité de Dieu, telles que celle du libre arbitre que le Seigneur ne violera jamais. Nous avons autorité sur les esprits mauvais et non sur l'esprit humain, car Dieu ne fait point acception de personne et la conversion est l'affaire de chacun devant Lui (Ezéchiel 18 : 1 - 22).

Nous avons l'habitude de dire que Dieu a des enfants, mais qu'Il n'a pas de petits-enfants, n'est-ce pas ? De même que l'on ne naît pas chrétien, on ne peut être rendu chrétien par les prières des autres. Il est bien, et il faut prier pour les membres de sa famille ; la prière peut agir sur le temps, éviter des souffrances inutiles, "limiter les dégâts", mais lorsqu'il est question de choisir ou de rejeter Christ, c'est une affaire entre nous et Dieu.

Penser que l'on peut, par des prières, changer le cœur de n'importe qui sans passer par la volonté de la personne remet en question la justice même de Dieu.

On arrive parfois à raisonner ainsi, pensant s'appuyer sur un verset parce que ledit verset est sorti de son contexte. Paul dit au geôlier : "Crois au Seigneur Jésus et tu seras sauvé, toi et toute ta famille", soit par révélation, soit, comme c'est courant dans la Bible, d'une manière conditionnelle, c'est-à-dire : "Si eux aussi marchent sur tes traces en acceptant Jésus comme Sauveur".

Beaucoup de gens reçoivent des prophéties concernant le futur, leur appel et meurent sans en avoir vu l'accomplissement, parce que ce sont des paroles conditionnelles. Et on a souvent le tort de penser qu'à partir du moment où c'est prophétisé, cela ne pourra que s'accomplir quoi que l'on fasse ou ne fasse pas, et on a parfois des surprises douloureuses (Luc 10 : 5-6). Il se peut maintenant que vous receviez du Seigneur, dans la lecture, la prière, la méditation, etc..., cette même parole pour vous dans son sens absolu. Le Dieu qui sait tout vous révèle une part de Sa connaissance, afin que vous puissiez mettre votre foi en action pour hâter l'accomplissement de cette Parole.

Alors, Alléluia ! Prenez par la foi, mais tant que vous ne recevez pas de parole claire, que ce soit sous forme de conviction intérieure, de pensée ou autre, vous n'avez pas le droit de prendre par la foi ce que la Bible ne vous promet pas explicitement. Il en est de même pour les maris et femmes séparés, dans les cas de couples mixtes spécialement, mais aussi chrétiens selon la situation (décidément je choisis les exemples concernant les sujets les plus délicats). Combien rencontre-t-on de ces frères et sœurs pour qui je ressens beaucoup de compassion, qui attendent, souvent depuis des années le retour de leur conjoint. Pour un grand nombre malheureusement les années passent et le conjoint ne revient pas, voire même refait sa vie de son côté. C'est un des points les plus tristes auxquels on peut être confronté aujourd'hui dans nos Eglises et sur lequel je m'étonne de voir qu'il n'existe pour ainsi dire aucun enseignement clair. Est-ce un manque de foi si certaines de ces situations ne se remettent jamais en place ? Ne pense-t-on pas pourtant s'appuyer sur les "promesses" de la Parole ? Mais quelles promesses de la Parole exactement ? Celle-ci : ***"Si vous demeurez en moi et que mes paroles demeurent en vous, demandez tout ce que vous voudrez et cela vous sera accordé" (Jean 15 : 7).*** Si je prends littéralement ce verset, je demande deux avions personnels, trois villas sur la Côte ; croyez-vous que Dieu va répondre à cette prière ? Non bien sûr, car elle ne va pas dans le vrai sens du verset.

L'interprétation d'un verset doit tenir compte des autres points de la Parole qui nous révèlent également le plan de Dieu a ce même sujet. Notre verset vu précédemment dit d'ailleurs : "si mes paroles demeurent en vous", l'ensemble des paroles. Nous pouvons lire dans 1 Corinthiens 7 : 16 : "Car que sais-tu, femme, si tu sauveras ton mari ? ***Ou que sais-tu, mari, si tu sauveras ta femme ?"*** Dans le contexte de l'Ecriture ce verset se rapporte plus précisément aux couples "mixtes", mais il nous enseigne une réalité qui concerne, de toute façon, tous les cas. Car la Parole nous montre ailleurs que recevoir le salut, comme le garder dépend du choix personnel de chaque être (Romains 10 : 9) (Colossiens 1 : 23).

Je connais des personnes qui sont dans des situations aussi critiques, elles souffrent et ne voient jamais la fin de leurs souffrances. Je ne peux m'empêcher de me sentir concerné par la douleur de ces frères et sœurs. Plusieurs vous disent "je m'accroche aux promesses, je tiens bon, j'ai la Parole comme base". Le temps passe, ils ne comprennent plus pourquoi rien n'a bougé, malgré les promesses, malgré la Parole. C'est parfois à cette même époque que passe sur leur chemin une âme bien "intentionnée" qui leur rappelle qu'Abraham a attendu quarante ans l'accomplissement de la promesse qu'il avait reçue. Certains pensent qu'à force de pleurs et d'attente Dieu finira par répondre. Dieu ne convertit personne de force ou pour nous faire plaisir - bien qu'Il aime nous faire plaisir - ; ce n'est pas dans sa nature d'agir ainsi. On ne peut non plus faire bouger le bras de Dieu en "boudant" ; c'est quelque chose que j'ai appris dans le passé. Pour faire la prière de la foi et mettre votre foi en action dans une telle situation - ce que font certains aussi avec succès, Alléluia !

CHAPITRE 5 : EXPERIMENTER LA FOI EN CHRIST

Il est vrai de dire comme me l'avait aussi rappelé par mon père spirituel dans ma dernière conversation avec lui que sauf par la souveraineté de Dieu, si non, excepter la mort qui est le plus souvent imprévisible, tous ce qui nous arrivent dans notre vie de bien comme de mal ne sont que produits de nos œuvres passées même les plus anciennes (pensées ou actes).

Certes, nos pensées sont les semences de notre vie prochaine et la parole est l'outil de plantation et chacun en a normalement de l'expérience même lorsqu'il revoit le mariage qui existe entre ses pensées antérieurs comparées à sa vie actuelle, et s'il nous fallait élargir la liste des témoignages favorables recueillit à ce sujet, ce livre n'aurait pas de fin. Alors, nous profitons cette fois-ci d'exploiter cette connaissance afin de garantir à nouveau notre avenir en le concevant de manière la plus favorable que possible et cela par la mise en œuvre de la foi inébranlable... *J'ai mis devant toi la vie et la mort, la bénédiction et la malédiction. Choisis la vie afin que tu vives, toi et ta postérité. Det 30 :19* Parlant nous pouvons vous rappeler qu'à l'instar de Dieu, nous avons le pouvoir de faire le choix de ce que nous voulons devenir réellement ; Et donc dans ce cas nous pouvons dire que le bonheur et la joie ne viennent pas de l'extérieur. Ils viennent de l'intérieur de nous. Ils sont une décision prise de façon consciente, des choix délibérés que l'on fait jour après jour ... chaque jour de notre vie !

J'aimerais partager l'exemple de mon passé à l'âge de 23 ans quand bien même j'attendais que les choses changent dans ma vie et faisais face à de multiples défis, mais toujours joyeux. De mon côté, remplie de joie, non pas parce que je n'avais aucun problème, mais parce que j'avais pris la décision de profiter pleinement de ma vie et d'avancer au milieu de l'adversité. Chaque jour, on a un choix à faire : être remplie de misère ou être remplie de la joie du Seigneur. Chacun de nous doit faire ce choix, chaque jour de sa vie. Soit nous choisissons d'écouter passivement le diable nous dire toutes sortes de mensonges et lui permettons de ruiner notre vie et nous rendre misérable, soit nous choisissons de lui résister agressivement afin de vivre dans la plénitude de vie à laquelle Dieu a pourvu au travers de Son fils Jésus-Christ.

□ **Une illustration de la mise en œuvre de la foi**

Quant à ma manière de vous simplifier la tâche, je ne vous présente pas une démarche général pour vous faire parvenir à expérimenter la foi afin de ne pas borner votre champ d'action et aussi de vous épargner de toute forme de confusions par rapport aux circonstances particulières auxquelles vous êtes confrontés à présent ou qui vous surviendront dans la suite. Néanmoins, pourvu que vous soyez inspirés de comment vous pouvez cette fois-ci vous servir de cette connaissance de la parole de Dieu et cela de manière rationnelle, j'accorde à votre intention un coup d'œil sur une seule parmi plusieurs des manières dont je conçois les choses par la grâce du Très-Haut en trouvant en lui l'assurance, la sécurité et même les réponses à toutes mes questions quel que soit leurs complexités par Jésus-Christ au travers de la foi comme le voici:

Quand je médite sur l'origine de ma vie ;

Quand j'expérimente ma vie ;

Quand je m'admire ;

Je comprends que je suis c'est que je suis par celui qui s'appelle je suis.

Car en lui nous avons la vie, le mouvement et l'être... act 17 :28

Quand j'observe mon allure ;

Je me dis quelqu'un m'attend.

Quand je voie mes parents ;

Je me dis à chacun son tour de responsabilité car :

L'homme quittera son père et sa mère,.......... Genèse 2 :24.

Quand je regarde mes ainés ;

Je me dis je ferai ce qu'ils n'ont pas sus faire.

Quand je me souviens de mes deux jeunes sœurs ;

Je me dis je serai un modèle pour elles selon qu'il est écrit :

Que personne ne méprise ta jeunesse ; mais sois un modèle pour les fidèles, en parole, en conduite, en charité, en foi, en pureté. 1Timothée 4 :12

Quand j'apprécie les autres ;

Je me dis cela m'arrivera aussi et cela suite à la parole qui dit :

Ne vous inquiétez de rien ; mais en toute chose faites connaitre vos besoins à Dieu par des prières et des supplications avec actions de grâces. Et la paix de Dieu que personne ne peut comprendre gardera vos cœurs et vos pensées en Jésus Christ. Philippiens 4 :6-7

Quand je pense à ma future conjointe,

Je crois qu'elle pense aussi à moi.

Quand je me demande comment prendrai-je connaissance avec elle ;

Je compare directement cette question à une équation céleste de la forme 1+1=1 ou la solution s'obtient par la foi comme vous le constaté. Car le choix du conjoint est un risque vu que personne ne sait justement la surprise qui lui est réservée dans la suite; d'où la raison de se marié par la foi afin d'éviter les désillusions trop grandes, et ne pas se précipiter dans les bras de celui qu'il ne faut pas à la moindre contrariété. Quand je me demande ne fut ce que le moment auquel je la rencontrerai ;

Je comprends enfin le mystère caché derrière le nom patient qui est en même temps mon prénom ; Et donc, Je découvre que pour la retrouver il n'y-a qu'une seule contrainte à laquelle j'ai à faire face qui est la patience, étant donné que chaque âge a ses besoins. Et comme toujours, quand j'accepte d'user de la patience afin d'avoir quelque chose dans un proche avenir, sûrement je finis toujours par trouver cela et d'ailleurs au moment opportun, car en réalité il n'y-a rien que je perds dans ma recherche pleine de foi, mais au contraire je déclenche en même temps les restes des rêves de ma vie autre que le mariage tel que la bonne préparation en terme de stabilité de vie et la meilleure formation tant spirituelle que scientifique. *Enseigne-nous a bien compter nos jours, afin que nous appliquions notre cœur à la sagesse. Psaumes 90 :12.*

Quand je réalise qu'il existe néanmoins une meilleure façon de procéder afin de vivre avec elle une pleine béatitude tout le reste de ma vie sur terre ;

Je bénis d'abord mon Dieu pour avoir permis que les actes de mon passé n'aient en aucun cas surchargé mon avenir et enfin il ne me reste qu'à appliquer la formule digne de confiance qui est : Petite foi + grand Dieu= Meilleur résultat.

Quand j'insiste sur ce qui suit, cela juste pour dire qu'étant convaincu du bienfondé des pensés positives, a celles-ci s'ajoute la mise en œuvre d'une foi inébranlable. *Je vous le dit en vérité, si quelqu'un dit à cette montagne : ôte-toi de la et jette-toi dans la mer, et s'il ne doute point en son cœur, mais croit que ce qu'il dit arrive, il le verra s'accomplir. Marc 11 :23.*

J'ai aussi longuement parlé de ma future conjointe dans cette épitre dédiée au très Haut simplement parce que, comme moi, tous les célibataires qui sont appelés au mariage par Dieu, puisque nous avons des besoins sentimentaux de même en pleur que ceux des païens, ils doivent être apaisés, mais cette fois-ci à la lumière de la parole de Dieu. *L'éternel Dieu dit : il n'est pas bon que l'homme soit seul ; je lui ferai* ***une*** *aide* ***semblable à lui****. Genèse 2 :18*

Nous avons besoin de la compagnie, d'une aide, nous avons besoin de quelqu'un à qui accorder notre confiance et compter sur lui ; voici alors la question qui fait tourner le monde : comment trouver le vrai amour, l'amour qui dure ou même la personne qu'il faut ? Etc…Là je vous recommande de ne plus chercher la science pour répondre à cette question et moi, je vous dis que votre futur époux (ou épouse) existe quelque part sur cette planète. Il n'est pas du tout nécessaire de le (la) connaître pour prier pour lui (elle). Pour ne mentionner que ce seul sujet parmi de multiples possibilités afin de répondre à la question qui préoccupe la jeunesse, je vous suggère avant toute chose de prier pour lui (elle) ; en suite comme la valeur d'une femme vertueuse est plus que celle de l'or et des coraux, heureux soit l'homme qui va la chercher pour la trouver, d'où pour ce qui concerne un jeune homme, un exercice de recherche devient incontournable quel que soit la tournure de la situation. ***L'homme quittera*** *son père et sa mère.... Genèse 2 :24*. Étant donné qu'un mariage réussi est une bataille gagnée et non une évidence. Fière de ma personnalité et fidèle à ma conscience ; je reconnais que je suis un homme bénit a un avenir brillant étant donné que j'ai été racheté a un grand prix ' *le sang de jésus'. 1 cort 6 :20 vous avez été racheté à un grand prix. Glorifiez donc Dieu dans votre corps et dans votre esprit, qui appartiennent à Dieu.*

Les jours passent et les années s'écoulent, mais ma conscience ne me condamne d'aucun retard car l'âge est avant toute chose un état d'esprit. Quand je regarde mes échecs passés,

Je me dis, l'échec n'est qu'une station dans mon parcours et jamais ma destination ; et par conséquent même si quelques obscurités me sont encore nécessaires dans la suite ; je connaitrai un meilleur aboutissement et mes efforts seront récompensés au nom de jésus christ. *Je vous remplacerai les années qu'ont dévorées la sauterelle, le jélek, le hasil et le gazam,... Joël 2:25.*

Quand je revois mon parcours scolaire et académique ;

Je crois que je sais tout ce qu'il me fallait connaitre dans mon apprentissage et je me sens connaitre même ce que je n'ai pas appris.

Quand je réalise qu'une vie chrétienne normale devrait être vécue au sein des limites d'un bon équilibre de vie selon qu'il est écrit : *le voleur ne vient que pour dérober, égorger et détruire ; moi je suis venu afin que les brebis aient* ***la vie****, et* ***qu'elles soient dans l'abondance****. Jean 10 :10*

Je reconnais pour ce faire qu'un bon équilibre de vie n'est pas toujours à notre pouvoir, mais à celui de notre seigneur et sauveur Jésus-Christ; d'où tant que nous essayons de parvenir à nos fins par les œuvres de notre chair, Dieu se tient patiemment en arrière-plan de nos projets attendant que nous nous épuisions et que nous acceptions de nous tourner vers Lui.

Qu'il me soit quand même permis de révéler que le dictionnaire est le seul endroit ou le problème est clairement posé avant sa solution, c'est qui n'a jamais été le cas dans la manière de faire du maitre des temps et des circonstances qui a son tour disponibilise toujours la solution à notre porté avant de nous présenter le problème correspondant.

Ma réalité s'approche a un jeu ouvert à une infinité des possibilités mais poursuivant une solution unique qui est mon salut. *Comme pour dire tout m'est permis, mais tout n'est pas utile… 1 Cor 6 :12.* Autrement dit, *je dois courir de manière à remporter. 1 Cor 9:24.*

Il m'a fallu beaucoup d'année pour comprendre que le temps est la seule ressource que Dieu a repartit a tous les hommes de manière équitable, me voici racheter le mien en concevant mon avenir aux potentiels absolus par la foi inébranlable, sachant bien que nos problèmes ne sont pas toujours d'ordre spirituel – certains sont purement physiques ; Néanmoins, lorsqu'on croit qu'on peut ou qu'on ne peut pas, dans les deux cas on a raison.

Je reçois dans mon intelligence les stratégies divines, pour atteindre ce futur glorieux qui m'est destiné en Christ avec qui ce texte n'est plus un sujet à caractère romantique mais celui des déclarations de fois qui impact à tout prix mon avenir.

Je conclu en reconnaissant que ma vie est un poème écrit par Dieu, et qu'il n'est qu'au début du commencement. Veillons donc que votre sincère prière poursuive au minimum les trois objectifs indissociables suivants : l'intérêt de Dieu, votre intérêt et celui de ***votre ennemi****….* *Faites tout pour la gloire de Dieu.1cor 10 :31.* Ainsi, chaque affirmation doit être soigneusement composée et doit exprimer tout ce qui est nécessaire.

A l'intention de nos lecteurs qui lisent l'anglais, je donne cette affirmation selon qu'il m'a étais mis à cœur de le faire:« *Not that we are sufficient of ourselves to think any thing as of ourseves ; but our sufficency is of god.»*

Tel est ma prière au nom de Jésus Christ crucifié. Amen !

➢ CE QU IL FAUT SAVOIR SUR LA FOI

La foi de Dieu a la puissance de transporter n'importe quelle montagne, par l'intermédiaire des "canaux" que nous sommes, vous et moi. La Bible enseigne que le juste vivra par sa foi. (Habacuc 2 : 4). Notre foi doit donc être une foi de qualité, car de la qualité de notre foi dépend la qualité de notre vie ! Si vous avez mal, c'est mentir que de vous promener en disant "Je n'ai pas mal, je n'ai pas mal". Vous avez mal ! Si vous êtes malade, vous êtes malade ! Il n'y a pas de honte à cela. Si vous saignez, vous ne pouvez pas dire "je ne saigne pas, c'est simplement du mensonge". La foi, c'est confesser que vous avez été guéri à la croix ! C'est ne pas regarder aux circonstances, mais cela ne consiste pas à les nier.

Certaines sectes enseignent à nier les évidences, la Bible enseigne à les ignorer. C'est la Parole de Dieu que nous devons confesser car elle revêt une puissance (Hébreux 4 : 12). La Parole ne dit pas que vous n'avez rien, mais que Christ vous a libérés et que vous allez bientôt ressentir les conséquences physiques de cette libération (Marc 11 : 24). Alors oui, vous n'aurez plus rien ! L'ennemi essaye continuellement de nous faire "dérailler" par rapport à notre compréhension de la foi, il désire nous amener au point où nous mélangeons tout et où nous mettrons complètement le sujet de côté à cause de nos expériences malheureuses et de notre confusion. Mais nous pouvons acquérir une connaissance claire et ferme de ce qu'est la foi et de ce qu'elle n'est pas. Le but d'un tel enseignement est de nous y aider.

➢ Etre conscient de sa foi

Dans (Luc 14 : 28 à 30), Jésus nous met en garde par l'exhortation suivante : "Lequel de vous, s'il veut bâtir une tour, ne s'assied d'abord pour calculer la dépense et voir s'il a de quoi la terminer, de peur qu'après avoir posé les fondements, il ne puisse l'achever... ?" Avant de se lancer dans toutes sortes d'actes de foi, il est important de savoir où nous en sommes avec notre foi. Est-ce qu'elle est assez développée pour nous permettre d'acquérir l'objet de notre désir ? Est-ce qu'elle ne risque pas de nous lâcher en chemin ? Est-ce que je suis prêt à livrer le combat de la foi ? Une telle analyse est un des moyens qui nous permet de recevoir une parole de Dieu, une conviction claire dans un sens comme dans l'autre. Il y a des choses, je le répète, qui sont tout de suite à notre portée en tant qu'enfants de Dieu et d'autres qui le deviennent par la suite si notre foi est assez forte pour nous les approprier.

Nous pouvons dire que la foi est un muscle. Pour se développer, un muscle doit passer progressivement à la manipulation de poids lourds qui révèleront en suite sa croissance. Et à notre niveau cette manipulation peut consister à l'écoute de la voie de Dieu ? Sa mise en pratique aussi. (Ephésiens 2 : 10). Les œuvres justifient parce qu'elles sont révélatrices de la foi, non pas parce qu'elles ont, par elles-mêmes, la puissance de justifier. Mettre sa foi en action, c'est permettre à sa foi de porter du fruit, c'est agir en paroles et en actes dans "le sens de la foi".

➢ *La foi de dieu*

Dans l'Evangile de Marc, au chapitre 11, verset 22, Jésus dit à Ses disciples : "***Ayez foi en Dieu".*** Le texte grec rend, plus précisément : "Ayez la foi de Dieu". Il est possible d'avoir une foi mentale, humaine, mécanique, une foi qui n'est pas agréable au Seigneur, mais ce que nous sommes appelés à avoir c'est "la foi de Dieu", celle qui déplace les montagnes.

La foi se doit d'être un "fruit de l'Esprit", non pas seulement la mise en action de principes (Galates 5 : 22). Pour cela elle doit puiser sa force dans l'Esprit. L'Esprit de Dieu nous communique Sa puissance par le biais de la prière, la communion avec notre Seigneur.

Imaginez que vous mettiez en application les principes de foi vus précédemment mais que vous n'ayez pas de "vie de prière", votre foi sera comparable à un ballon dégonflé, un véhicule sans essence, un fruit sec. Vous auriez la foi, mais il vous manquerait la puissance de la foi. Foi et prière sont étroitement liées.

➢ *La prière et la foi la foi ne suffit pas*

Nous avons déjà vu que par "croire", la Bible sous-entend "adhérer". Adhérer au Seigneur ne peut se faire pleinement sans avoir une communion régulière avec Lui. La communion avec Dieu se crée par, et dans la prière. Sans prière, il n'y a pas de communion ! Comprendre ce qu'est la foi, savoir la mettre en action, ne suffit pas pour qu'elle soit efficace. La foi par elle-même ne suffit pas pour porter du fruit et pour pouvoir être appelée "la foi de Dieu". La foi doit puiser sa force dans la prière. *L'EXEMPLE DE MATTHIEU 17 : 14-21* Ce passage de l'Ecriture nous montre clairement le rapport étroit qui existe entre la foi et la prière.

Nous y voyons un père amener aux disciples de Jésus son enfant qui est démoniaque afin que celui-ci soit délivré. Les disciples essayent de chasser le démon mais n'y arrivent pas. Ils demandent alors à Jésus : ***"pourquoi n'avons-nous pas pu chasser ce démon ?"*** Le Seigneur leur répond tout d'abord : ***"c'est à cause de votre incrédulité..."***. Il précise par la suite : ***"cette sorte de démon ne sort que par la prière et par le jeûne"***.

Par ce verset pouvons-nous dire que Jésus Se contredit-Il ? Est-ce parce que les disciples étaient incrédules qu'ils n'ont pu chasser le démon ou est-ce parce qu'ils ne priaient pas assez ? Non, Jésus ne se contredit pas, Il parle simplement sans dissocier les deux points : La foi et la prière, la foi et la source de son efficacité. Il n'est pas demandé beaucoup de foi au père du jeune homme démoniaque. Il en est demandé bien plus aux disciples de Jésus qui, eux, vivent avec Le Seigneur, sont à Son école.

Il y a des degrés de foi requis, je dirai selon les situations, les personnes. Dans le cas de cet homme et de son fils, vu la sorte de démon (tous les démons ne sont pas les mêmes, n'agissent pas de la même manière, ont plus ou moins de pouvoir et de prises), la foi pour être efficace se devait d'être appuyée, stimulée, non seulement par la prière mais aussi par le jeûne. Cela ne veut pas dire que chaque fois que l'on veut chasser certaines sortes de démons il faut se mettre à prier et à jeûner – ce n'est pas ce qu'a fait Jésus face à la situation - mais que si nous prions et jeûnons régulièrement - comme le faisait Jésus nous serons toujours en état pour le faire avec succès; toujours prêts ! Ce que Jésus nous enseigne dans ce passage de l'Evangile de Matthieu, c'est que le manque de prière, et parfois de jeûne, laisse une porte ouverte à l'incrédulité. Et nous pouvons lire le verset 20 comme suit : "C'est à cause de votre manque d'adhésion...". Adhésion = "ne faire qu'un avec...". Pour ne faire qu'un avec Dieu, il faut de la foi + de la prière *IL Y A DES PRIORITES* La prière est une priorité. La Bible nous dit qu'il faut toujours prier et ne point se relâcher (Luc 18 : 1), de veiller et de prier afin de ne pas tomber en tentation (Luc 22 : 46), de faire en tout temps par l'Esprit toutes sortes de prières..." (Ephésiens 6 : 18). Dans Marc 11:24 il nous est dit : ***"Tout ce que vous demanderez en priant, croyez que vous l'avez reçu, et vous le verrez s'accomplir".***

Il y a quatre points importants dans ce verset : Demander, prier, croire, voir. C'est le second qui nous intéresse le plus ici : Prier. En lisant ce verset de Marc on a tendance, en général, à assimiler le seul fait de demander à celui de prier. Or, prier ce n'est pas seulement "demander". La demande est une partie de la prière. Prier, c'est passer du temps avec Dieu, Lui parler, L'écouter nous parler, c'est un dialogue entre Dieu et l'homme, c'est une communion entre le Seigneur et nous. On ne passe pas tout son temps avec Dieu pour ne lui faire que des demandes : "J'ai besoin de ceci, j'ai besoin de cela... ". C'est souvent ce que résument beaucoup de prières, mais ce n'est pas ainsi que la Bible nous enseigne à prier. La prière consiste avant tout en louanges, en actions de grâces, en intercessions pour les autres, à rechercher la volonté de Dieu, et non pas toujours : "Moi, moi, encore moi, moi..." (1Timothée 2 : 1-4) (1Thessaloniciens 5 : 17). Le "notre Père" est l'exemple type du bon "dosage" de la prière (Matthieu 6 : 9-13). Jésus n'a pas dit à Ses disciples : "Voici donc comment vous devez prier: Père donne-moi ceci, cela et encore cela...". Mais Il leur a enseigné à commencer en donnant la première place à Dieu, à Son nom, à Son règne, à Sa volonté, et ensuite à demander pour nous. On peut dire que demander ne suffit pas pour recevoir mais c'est le fait d'être en communion avec Dieu par la prière, dans sa forme générale, qui donne un poids à nos demandes. Parce que j'ai communion avec Dieu, mes demandes trouveront grâce auprès de Lui, ma foi sera rendue ferme et profonde. Il ne nous est pas dit dans ce verset 24 du chapitre 11 de l'Evangile de Marc : "Tout ce que vous demanderez, croyez que vous l'avez reçu...", mais : ***"tout ce que vous demanderez en priant..."***.

Il n'y a pas ceux qui ont de la chance et ceux qui n'en ont pas, il y a ceux qui se battent et ceux qui ne se battent pas. Il n'y a pas ceux qui ont de la foi et ceux qui n'en ont pas ; il y a ceux qui font ce qu'il faut pour que leur foi grandisse et soit active, et ceux qui ne le font pas.

Nous avons tous un combat à mener, contre nos mauvais penchants, notre égoïsme, notre esprit défaitiste, etc... .Ce combat, c'est le combat de la foi car on ne peut être vainqueur que par la foi mise en action avec persévérance. Notre ministère ne s'est pas bâti simplement en chantant mais en semant, souvent avec larmes, au milieu des épreuves et des nombreuses raisons de nous découragé, sans laisser celles-ci toucher notre vision, notre famille, notre foi. La foi est un muscle. Il y a des choses que vous ne pouvez obtenir qu'en faisant des exercices quotidiens nécessaires à cela : Lire la Bible, prier, aimer, mourir à vous-mêmes, travailler à surmonter les difficultés, vous relever quand vous tombez au lieu de rester par terre.

Vous ne pouvez entrer dans un ministère, nous l'avons dit, sans avoir été préparés pour cela. Imaginez la catastrophe si toutes les erreurs que nous faisons dans les premiers temps de notre conversion, nous les fassions lorsque nous avons un ministère qui touche des milliers de gens. Il y a une catégorie de personnes qui "reçoivent" régulièrement qu'elles doivent être à "plein temps". Ce sont souvent de très chers frères d'ailleurs, qui n'ont pas de mauvaises intentions, mais qui "planent" un peu, comme l'on dit.

J'en connaissais un, spécialement. L'Eglise avait pris provisoirement en charge son loyer, le temps qu'il trouve du travail. Après plusieurs mois, il avait "reçu une parole" qu'il devait être à plein temps pour le Seigneur. Il pensait, me déclara-t-il un jour, qu'après tout, le Seigneur avait jusque-là pourvu à son loyer et qu'Il allait certainement continuer à le faire. C'était un frère plein de bonnes intentions, mais il n'avait pas les pieds sur terre.

Vous ne pouvez prendre pour point de départ le stade où d'autres n'y sont arrivés qu'en combattant. Dans certains ménages ou l'époux et l'épouse sont très unis et heureux ensemble ; aussi, certaines personnes imaginent que pour eux c'est tout simplement plus facile que pour d'autres. Ce qui est faux ! Nous avons tous une chair avec laquelle nous devons compter, nous avons tous à gagner notre bonheur, à le garder et à le faire croître.

➢ Le combat de la foi

Gédéon dont la foi a été fondée sur plusieurs signes miraculeux, après des moments d'hésitations, de même que Sarah qui a dû surmonter l'incrédulité du début devant cette promesse qui lui semblait tellement irréalisable et si étrange qu'elle ne put s'empêcher d'en rire ! La foi de Noé a été fondée sur une parole personnelle de Dieu. Il a dû résister aux moqueurs. La foi de Moïse a été construite sur une révélation personnelle de Dieu, lors d'une première apparition dans le buisson en flamme et par la suite dans de nombreuses interventions divines. La foi de Ruth a été le fruit de celle de sa belle-mère. Celle de Rahab, fut le résultat des nouvelles alarmantes venant des autres nations concernant les victoires et la force surnaturelle d'Israël.

A noter que la foi implique l'obéissance et la fidélité au plan révélé de Dieu. Nous constatons que ceux qui ont eu la foi au sujet de certaines promesses, n'en n'ont pas vu l'accomplissement immédiat, mais ils les ont vues de loin et en ont salué la réalité. C'est le regard de la foi, qui voit les choses qui ne sont pas encore visibles comme si elles existaient. Héb.11 A la lecture de ces différents exemples nous remarquons que la foi engage un combat. Ce fut le cas pour Abraham, dans l'attente de la naissance d'Isaac, et de tant d'autres dont les histoires sont écrites dans la bible. En effet, la foi rencontre de nombreux obstacles, elle a des ennemis:

- Le temps de l'attente parfois long,
- les moqueurs, les douteurs et les incrédules qui essayent de nous décourager, Notre propre raison qui nous pousse à raisonner pour comprendre avec exactitude ce qu'il en est,
- nos doutes,
- nos impatiences,
- une mauvaise conscience (1 Jean 3:19-22),
- Notre adversaire, le diable, ce rôdeur, toujours prêt à:

* nous tenter
* à dire le contraire de ce que Dieu a promis,

Parfois, c'est Dieu lui-même qui met notre foi à l'épreuve (Hébreux 11:17-20)
Elle devient alors un combat avec Dieu, dans notre insistance à recevoir sa bénédiction (Genèse 32:24 / Osée 12:3,4 / Esaïe 38:1-3).

CHAPITRE 6 : DEMEUTRONS DANS LA FOI DE MANIERE INEBRANLABLE

□ Reconnaitre la permanence totale de DIEU

Très souvent nous avons l'impression d'être seul au volant de notre propre vie et cela encore plus dans les domaines de notre vie pour lequel nous n'acceptons jamais seder le contrôle à notre créateur. En plus notre impression nous induit parfois en erreur jusqu'à nous convaincre que nous ne pouvons subir l'influence d'aucune autre volonté surtout lorsque tout parait bien avancer dans nos activités humaines, pensant que nous irons toujours de progrès en progrès, or ayant aussi commis cette erreur dans mon passé j'affirme enfin que le chemin le plus court entre deux points n'est pas toujours la ligne droite. *Telle voie paraît droite à un homme, mais son issue c'est la voie de la mort. Proverbes 16* **: 25** au lieu de se trouver dans le piège de cultiver avec assurance l'esprit d'orgueil, comme le font certains, les saintes écritures rappellent que Dieu résiste au orgueilleux et fait grâce au humbles. Le plan du diable est de nous induire en erreur en nous faisant croire que notre valeur dépend de nos performances, puis de nous garder concentrés sur nos fautes et manquements à la recherche de la performance en question.

L'espérance est mise à l'épreuve lorsque nous nous inquiétons du « *comment* » le rêve va se réaliser. Matthieu 14 : 28-33 Pierre lui répondit *: Seigneur, si c'est toi, ordonne que j'aille vers toi sur les eaux. 29 Et il dit : Viens ! Pierre sortit de la barque, et marcha sur les eaux, pour aller vers Jésus. Lire la suite.* Dans ce passage, nous voyons que Pierre a manqué de fermeté. Il s'est demandé comment il pouvait marcher sur l'eau et ne pas se noyer, alors qu'un vent fort s'était mis à souffler sur la mer sur laquelle il marchait. Ne nous préoccupons pas de la manière dont nous serons exaucés. Le « *comment* » regarde le Seigneur. Satan veut que nous ayons une piètre opinion de nous-mêmes et que, confinés dans l'insécurité, nous vivions sans porter de fruit pour Dieu, misérables et incapables de recevoir les bénédictions de Dieu. Nous vous recommandons de ne plus jamais commettre l'erreur de penser que Dieu n'est plus avec vous car vous réduirez sensiblement sa capacité d'agir en votre faveur. Dieu s'occupe de tous les détails de votre vie y compris ceux des niveaux les plus négligeables aux yeux des hommes. Il est donc inutile d'user de notre vie en ne faisant que ce qui nous parait meilleur à nos yeux sans participer à sa volonté. *Reconnait le dans toutes tes voies et il aplanira tes sentiers. Prov 3 :6*

En réalité, nous n'avons pas besoin de voir l'extraordinaire pour croire que Dieu est avec nous. En effet, être en bonne santé est un miracle qui va largement au-delà de celui qui est tombé malade pour qui on prier et qui guérit, être en vie est un miracle plus que celui de quelqu'un qui est mort et qu'on a ressuscité par la prière, avoir la vue est un miracle plus que celui qui est né aveugle et qui fut guérit par la puissance de Dieu et en gros nous disons qu'avoir la vie est un miracle plus que tout autre miracle si non Dieu n'aurait pas dû autoriser Satan de toucher à toute le richesse ou même toute le bénédiction de job tout en l'interdisant de toucher à la vie de son serviteur job. *L'éternel dit a Satan : voici, ce qui lui appartient, je te le livre ; seulement, ne porte pas ta main sur lui. Job 1 :12*

Dieu agit même quand rien de considérable ne le prouve

Bien avant toute chose, comme il est écrit *: Quand je marche dans la vallée de l'ombre de la mort, je ne crains aucun mal, car tu es avec moi : ta houlette et ton bâton me rassurent. Psaume 23 :4.* Les tribulations existent dans l'entendement mortel, mais Jésus-Christ a dit : *Prenez courage, j'ai vaincu le monde. Jan 16 :33*

La pensée charnelle, c'est la pensée de la peur, du péché, de la maladie et de la mort. Jésus a compris leur irréalité absolue et affirme que la maladie et le chagrin passeront et que la mort elle-même, le dernier ennemi, serait vaincue. Aujourd'hui, du point de vue scientifique, nous savons que la mort pourrait être vaincue en imprimant dans nos pensées la conviction de l'éternelle jeunesse et de la vie éternelle. Cette affirmation reste valable que sur le plan théorique, mais en réalité, toute pensé à tendance éternelle ne peut nous être palpable qu'au moment où nous nous retrouvons en communion avec l'éternel Dieu, sans qui, rien ne peut se retrouver dans le domaine de l'éternité quel que soit l'excellence de ses convictions. *Pilippiens 2-13 car c'est Dieu qui produit en nous le vouloir et le faire selon son bon plaisir.* Bien sûr, les doutes, la peur paralyse l'esprit et le corps, l'imagination se déchaîne, ce qui provoque le désastre et les déceptions.

Passons à l'autre bord dit Jésus… il se leva un grand tourbillon…Marc 4 :37. J'ai fait allusion au fait que souvent, au moment d'une importante démonstration, « tout semble aller mal » et que la conscience est obscurcie par un état de dépression. Cela signifie que les doutes et les craintes ancestrales se réveillent du fond de notre homme intérieur ; et dans ce cas il convient de les exterminer.

Pour impressionner la peur et les doutes, une foi active est toujours essentielle. C'est ainsi que la traversé de la rivière avait coutait chère jésus et ses disciples car après cela la délivrance du fou de gadara devait s'en suivre ; seulement il avait fallu faire recours aux déclarations de foi afin d'anéantir la dite tempête. De même après la prospection de la terre promise par les douze espions, a leurs retours la grande partie avait manifestée des sentiments des doutes, mais seule moins de la minorité de ceux qui étaient rentrés, avait focalisé par la foi, leurs visions sur l'objectif en réalisant que malgré tout, Dieu était avec eux jusqu'à prononcer des paroles d'encouragement et d'assurance, et par conséquent Dieu leurs avaient accordé la terre promise depuis plusieurs générations en arriere. *Nombres 14 :24. Et parce que mon serviteur Caleb a était animé d'un autre esprit et qu'il a pleinement suivit mes voies, je le ferai entrer dans ce pays et le donnerai a sa descendance.*

- **Peut-on jouir de la manifestation de Dieu en nous ?**

Soyons conscient que *toute grâce excellente et tout don parfait ne provient que d'en haut du père de lumière, chez qui il n'y-a ni changement ni ombre de variation. Jacques1 :17.* En effet, une fois de plus nous rappelons que rien de tout ce qui est bon, de ce qui est agréable, ou même c'est qui est précieux au sens strict, n'a aucune autre source si ce n'est du très-Haut et par conséquent, même la stabilité de notre foi pendant la douleur, la souffrance, le manquement etc... ne peut nous parvenir que par l'aide de Dieu, et donc par la manifestation de Dieu en nous ; seulement la part qui nous revient dans ce cas c'est-à-dire lors des moments difficiles qui nous accablent les plus souvent ou même à l'improviste dans notre marche avec le seigneur, est qu'il nous est indispensable voir obligatoire de faire usage de l'un des fruits de l'esprit conformément à *galates 5-22 : mais les fruits de l'esprit c'est la amour…* la patience…d'où nous n'aurons à nous focaliser sur rien d'autre que sur ce fruit de l'esprit "la patience". *Car vous avez besoin d'une patience inébranlable et de la persévérance, afin d'accomplir pleinement la volonté de Dieu, pour obtenir et remporter [pour goûter pleinement à] ce qui vous est promis. Hébreux 10 : 36.*

□ La patience conduit aux meilleurs productions

La parole de Dieu continue à nous exhorter en disant : *Soyez donc patients, frères, [dans l'attente] jusqu'à la venue de notre Seigneur. Voyez comment le fermier attend avec espoir le précieux fruit de la terre, [voyez] comment il prend [attentivement] patience à son égard, jusqu'à ce qu'il ait reçu les pluies de la première et de l'arrièresaison. Jacques 5 : 7* L'impatience provient du manque de foi. Sans la foi on ne sait pas attendre en adoptant le bon comportement. Pourtant, la patience n'est pas la capacité d'attendre seulement, mais aussi la capacité de garder une bonne attitude pendant l'attente. Patience= volonté pour attendre.

Si vous voulez demeurer dans la foi et finir par la gloire malgré la durée de vos tourments, décidez dès maintenant de les supporter et que rien de négatif à votre sujet ne sort plus jamais de votre bouche. Ensuite, faites reconnaitre les bonnes choses dans toutes vos déclarations. *Je lui demande que ta participation à la foi soit efficace pour la cause de Christ, en faisant reconnaître en nous toute espèce de bien. Philémon 1 : 6*

La participation (ou « communication », dans la version anglaise) de notre foi est rendue efficace lorsque nous reconnaissons toutes les bonnes choses qui sont en nous de par notre union avec Christ Jésus – et non pas tous les mauvais points. La partie majeure de ce livre vous révèle que la puissance extraordinaire est celle qui réside dans notre bouche. *Car, par tes paroles, tu seras justifié et, par tes paroles, tu seras condamné. Matthieu 12 : 37*

Nous nous sentons condamnés lorsque nous nous rabaissons verbalement alors qu'il n'est pas normal de s'inquiéter, ni d'être tourmentés par des raisonnements et d'essayer de comprendre des choses pour lesquelles nous n'aurons pas les réponses. Il n'est pas normal d'être obsédés par ce que les autres vont penser de nous. Il n'est pas normal d'être déprimés, d'avoir une mauvaise opinion de nous-mêmes.

Enfin, il n'est pas normal de penser que nous sommes maudits. Alors dans ce cas même lorsque tout nous parait ténébreux, pratiquons activement ce qui est enseigné dans les Écritures : *Mes frères, regardez comme un sujet de joie complète les diverses épreuves et les différentes tentations auxquelles vous pouvez être exposés. Sachez et comprenez que l'épreuve et le test de votre foi produisent l'endurance, la persévérance et la patience. Mais il faut que l'endurance, la persévérance et la patience prennent toute la place et accomplissent parfaitement leurs œuvres, afin que vous soyez parfaits, accomplis [sans défaut], ne manquant de rien. Jacques 1 : 2-4,* ceci étant la première étape de notre victoire sur la stabilité de la foi. Si vous ne savez pas que Dieu a un plan sur mesure pour votre vie, vous allez commencer à regarder autour de vous, à vous comparer aux autres et à conclure : « Mais qu'est-ce qui ne va pas chez moi ? Ça fait 10 ans que je prie et je n'ai reçu aucune réponse, toi, tu pries depuis 2 semaines, et regarde le résultat ! ». *Car je connais les projets que j'ai formés sur vous, dit l'Éternel, projets de paix et non de malheur afin de vous donner un avenir et de l'espérance. Jérémie 29 : 11.* Ne parlez jamais négativement de vous-mêmes.

Prononcez des paroles qui vous édifient – non des paroles qui vous affaiblissent. A chaque fois que vous commencez à vous sentir « anormal », oppressé : *veillez et priez de peur que vous ne tombiez dans la tentation, l'esprit est bien disposé mais la chair est faible mat 26 :41.* Soyez prêt à prier dès que vous en ressentez le besoin *(priez sans cesse 1 Thess 5:17).*

- **Dieu n'est pas complice de notre miser**

Dieu nous réserve un projet de paix et jamais de malheur, un projet de joie et non pas de dépression, une vie merveilleuse et non pas celle de miser. Mais, alors qu'estce qu'une situation « merveilleuse » pour les personnes qui croient en Dieu ? Si nous voulons répondre à cette question, nous devons commencer à nouveau par regarder à ce qui n'est pas normal. Peut-être que ces choses semblent merveilleuses pour certains d'entre nous, mais Dieu, Lui, ne les a jamais considérées comme normales. Dieu n'a jamais voulu que notre vie soit dirigée par de sentiments négatifs et que nous vivions constamment dans le tourment à cause de nos pensées. Quand ce genre des pensées viennent sur nous, nous devrions être capables de les reconnaître pour ce qu'elles sont :
des mensonges de l'ennemi.

Disons aussi que même la confusion n'est pas une situation normale dans la vie d'un croyant né de nouveau. Dès que nous sentons la confusion monter en nous, nous devons l'attaquer. En effet, Les pensées divines n'entrent jamais en conflit avec une autre pensée, mais il se peut que l'on soit attiré par des choses qui nous détourne de la volonté de Dieu ou même qui nous renvoi chaque fois à notre passé. Or tenter de vivre dans le passé est néfaste et c'est aussi un dérapage du pan merveilleux de Dieu car il est écrit : *ne pensez plus aux évènements passés, et ne considérez plus ce qui est ancien Esaïe 43-18.* Jésus-Christ a dit : « *C'est maintenant le temps propice, le jour de la Rédemption.* » *La femme de Loth fut changée en statue de sel pour s'être retourné genèse 19 :26.* Pour ce qui est de l'avenir Jésus christ dit : *Ne vous inquiétez pas donc du lendemain ; car le lendemain aura soin de lui-même. A chaque jour suffit sa peine. mat 6 :34* Le passé et l'avenir sont les voleurs du temps. Il convient de bénir le passé et de l'oublier, de bénir l'avenir dans la certitude des joies sans fin qu'il nous apportera et de vivre pleinement le moment présent. Vivez pleinement dans le moment présent sans permettre aux obstacles de vous en empêchés.

Pourquoi associer Dieu pour parvenir à une fois ferme

Nous disons encore que la foi c'est la décision de croire au plan parfait d'amour de Dieu pour nous. *Jean 11-40: ne t'ai-je pas dit que si tu crois, tu verras la gloire de Dieu ? La foi est une ferme assurance des choses qu'on espère, une démonstration de celle qu'on ne voit pas. Heb 11 :1.* Contrairement aux pensées de certains chrétiens, en réalité, de notre vivant, nous ne somme capable de rien y compris toutes les bonnes idées qui peuvent passer par notre tête sans que l'aide de Dieu ne soit manifeste à notre égard *2corinthiens 3-5 ce n'est pas à dire que nous soyons par nous-mêmes capables de concevoir quelque chose comme venant de nous-mêmes. Notre capacité, au contraire, vient de Dieu*. Et donc, Dieu prend notre contrôle premièrement à partir de notre être intérieur (nos pensées ; nos désirs, nos motivations, nos capacités etc...) sachant bien que se sont nos pensé qui motivent nos intentions et qui en retour animent si nécessaire notre être corporel. En même temps, nos pensées constituent le champ de bataille le plus préféré du diable.

C'est ainsi que pour s'équiper de la foi, cela ne peut en aucun cas venir seulement de nos propres efforts ; d'où le premier escalier a monté pour cela est celui d'être tout d'abord en communion avec Dieu par son fils Jésus christ *qui est le chef et le consommateur de notre foi. Hébreux 12-2* ; autrement dit faire tout d'abord la volonté de Dieu. Cette piste renferme également des conditions car déjà nous vous signalons qu'il-ya un prix à payer pour faire la volonté de Dieu mais ce prix est beaucoup plus élevé quand nous ne la faisons pas. Rechercher la volonté de Dieu n'aurait aucun sens si nous ne le faisons pas avec l'intention de l'accepter, donc d'y obéir. La désobéissance est jugée sévèrement par Dieu : *voici, l'obéissance vaut mieux que les sacrifices et l'observation de sa parole vaut mieux que la graisse des béliers. Car la désobéissance est aussi coupable que la divination. 1 Samuel 15:22-23.*

Nous devons prendre conscience de nos imperfections afin de nous exercer cette fois-ci à la piété. *Exerce-toi a la piété ; car l'exercice corporel est utile a peu de chose, tandis que la piété est utile a tout, ayant la promesse de la vie présente et celle qui est à venir.1Thim 4 :8.* Mais trop souvent, nous avançons dans la vie en pensant simplement que quelque chose ne va pas en nous, alors que nous subissons en réalité des attaques spirituelles visant nous retirer de la volonté de Dieu.

Une autre erreur que nous faisons est d'essayer de tout comprendre et organiser nous-même des raisons ou encore chercher de voir pour croire au lieu de faire l'inverse pour ensuite veiller et prier ainsi que Dieu nous l'a demandé.

Écoutez ceci : une fois je m'étais lancer à l'investissement dans une affaire qui m'exigée une somme d'argent considérable. Voyant mon manquement, mon ami le plus proche se plaignait déjà, en me répétant sans cesse comment lorsque j'avais l'agent le mois dernier l'occasion de l'initiative en question ne s'était pas présenté. De mon côté, Jamais, je ne pouvais tenter de penser continuellement à l'argent que j'avais obtenu et dépensé dans le passé car je savais bien que je ne pouvais pas vivre à nouveau dans le passé et à mon tour je lui répété que dans tous les cas je vais atteindre mon objectif. Tout d'un coup après quelques jours, ensemble avec mon ami, je vis mon neveu à l'âge de 5 ans venir me remettre une somme d'argent considérable. Ma maman t'a donné, il ajouta. Cela combla tous mes besoins du moment, seulement je tiens à signaler que la mère a mon neveu (ma belle-sœur) qui m'avait remise la dite somme était parmi les gens sur qui je ne pouvais comptais surtout qu'elle n'avait jamais fait un geste semblable bien qu'elle était généreuse envers moi sous une autre forme. *Voici, je ferai une chose nouvelle, sur le point d'arriver. Ne la connaitrez-vous pas ? Je mettrai un chemin dans le désert, et les fleuves dans la solitude. Es 43 :19.*

Le désir est une force formidable, il faut qu'elle soit canalisée convenablement, sans quoi le chaos s'ensuit. Il est préférable d'être rassuré jusqu'à ce que vous rencontrez ce que le seigneur avez prévu d'avance pour vous car toute chose dont la manifestation est forcée par la volonté personnelle est toujours « mal acquise », par conséquent toujours vouée à l'insuccès.

Arrivons à vivre par la foi

Vivre par la foi c'est ce trouver dans un état de béatitude continuelle bien qu'on soit convaincu que les tribulations existent, la souffrance existe, la maladie existe mais en croyant a la parole de Jésus-Christ qui dit : *Prenez courage, j'ai vaincu le monde. Jan 16 :33*

Mettons notre foi en œuvre pour vaincre

Il convient que le chrétien se souvienne de ne pas mépriser le « jour des petits événements». Invariablement, avant une grande démonstration, les événements négligeables se manifestent.

Avant d'arriver en Amérique, Christophe Colomb aperçut des oiseaux qui tenaient des brindilles dans leur bec, signe que la terre était proche. Il en est de même, au moment d'une démonstration de foi, mais souvent le chrétien se trompe, prend les signes pour l'avertissement de l'inexistence de la démonstration et se trouve déçu. Comme pour dire, que si nous ne reconnaissons pas c'est que Dieu a déjà fait pour nous, sauf par l'immensité de sa grâce, si non, nous n'aurons pas accès à ce qu'il garde en réserve pour nous. On peut être reconnaissant que lorsqu'on accepte de ne pas tenir compte de ce qui nous manquent alors qu'avoir peur de ce qui nous manque à tout moment que nous devons avancer dans notre vie est une expression d'une foi mal dirigée qui doit être redressée et transmutée en foi inébranlable. Jésus-Christ a dit : « *Pourquoi as-tu peur, homme de peu de* foi ? » « *Tout est possible à celui qui croit.* »

La foi et l'état d'esprit

au sujet des actes de foi

Comme il y a des actes contraires à la foi, il y en a d'autres qui sont des actes de foi ou qui ne le sont pas en fonction de l'état d'esprit dans lequel ils sont faits. N'allez pas faire le tour de tous les malades en leur disant qu'ils doivent jeter leurs médicaments.

On a vu plusieurs personnes se retrouver avec beaucoup d'ennuis en faisant cela. Dieu qui prend en considération chaque personne, chaque cas, donnera à l'un le feu vert pour jeter ses médicaments et non à l'autre. Ce qui ne L'empêchera pas obligatoirement de guérir cet autre. Le Seigneur peut, et Il le fait, diriger quelqu'un à attendre la manifestation de sa guérison en continuant à prendre ses médicaments, et conduire cette personne à faire d'autres actes de foi que celui qui consiste à jeter ses médicaments pour entrer dans cette guérison. Ne vous substituez pas à Dieu, c'est entre Lui, et la personne. Dieu peut, et Il le fait, amener quelqu'un à diminuer progressivement la quantité de ses médicaments. Il peut encore, et Il le fait, dire à la personne de jeter ses médicaments à la poubelle. Mais nous l'avons vu, chacun doit recevoir sa parole personnelle de Dieu avant de faire quoi que ce soit dans ce domaine. Je connais un frère qui a cassé jusqu'à trois ou quatre fois ses lunettes. Dieu ne lui avait jamais dit de le faire mais il pensait qu'il ne pouvait pas se saisir de sa guérison sans passer par là.

Il en était Abraham ***"ne douta point par incrédulité"*** au sujet de la promesse que Dieu lui avait faite. Il n'eut pas peur des circonstances qui se dressaient contre lui, il les ignora, gardant ses yeux fixés sur le Seigneur et Ses promesses. Non, tout n'a pas dû "aller tout seul", mais Abraham persévéra. Avoir la foi, cela ne consiste pas à "claquer des doigts" chaque fois que l'on veut sortir d'une situation difficile ou que l'on veut obtenir une bénédiction. Il faut apprendre à persévérer, à se battre. ***"La persévérance produit la victoire dans l'épreuve" (Romains 5 : 3).***

Pierre se mit à marcher sur l'eau, lorsque Jésus l'invita à le faire, mais voyant que le vent était fort, il eut peur et commença à s'enfoncer. Pierre considéra la force du vent au lieu de celle de Dieu, ce qui engendra en lui la peur qui annula l'efficacité de sa foi. La peur produit le doute *: "pourquoi as-tu douté ?"* lui dit Jésus. Le doute, c'est l'expression de l'incrédulité***, "Abraham ne douta point par incrédulité"*** nous est-il dit au verset 20 du chapitre 4 des Romains. L'incrédulité, c'est l'absence ou le manque de foi.
Peur, doute, incrédulité vont de pair.

□ *comment résister a la peur et au doute*

La Bible nous exhorte à travers de nombreux versets à ne pas craindre, à ne point nous effrayer, à ne point nous soucier, parce que la peur est l'un des plus grands ennemis de l'homme (Deutéronome 20 : 3) (Josué 1 : 9 ; 10 : 25) (Jérémie 1 : 8) (Matthieu 6 : 25-34) (Philippiens 4 : 6). Elle nous dit que ce que nous craignons et redoutons, c'est ce qui nous arrive (Job 3 : 25). Il y a une véritable loi qui fait qu'en craignant, nous attirons le malheur même si nous sommes un très bon chrétien et que nous aimons le Seigneur.

Cette "loi" n'est d'ailleurs rien d'autre que la "loi de la foi", puisqu'il nous est fait selon notre foi, dans un sens ou dans l'autre (Matthieu 9 : 29). Si nous acceptons la peur et si nous ne lui résistons pas, au bout de quelque temps des esprits de peur obtiennent un droit sur nous.

Nous développons, inconsciemment, une foi "négative" qui va produire, à l'opposé de "la foi de Dieu" mais selon le même principe, des résultats négatifs. J'ai souffert de la peur pendant toute mon enfance et je sais qu'elle peut détruire une vie. La peur se manifeste souvent sous forme de timidité, elle vous empêche d'être vous-même, d'aller vers les autres, elle vous rend ridicule, réduit à néant vos possibilités et l'expression de vos talents personnels, elle vous fait réagir agressivement; la peur ne vient pas de Dieu (2 Timothée 1 : 7). Il faut apprendre à résister et à vaincre la peur.

Comment ? Nous avons vu que marcher par la foi, c'est marcher sans se fier à ce que notre vue et nos sens nous dictent. Il n'est donc pas possible de résister à la peur et au doute en essayant par tous les moyens d'expulser le sentiment de peur et les pensées de doute. Dans ma brochure "comment sortir des problèmes", je fais remarquer que ce n'est pas en essayant de se "vider" que l'on se sanctifie, mais en se concentrant plutôt sur "se remplir". Vous ne pouvez attendre de ne plus sentir de peur ou de ne plus douter pour croire que vous avez vaincu ces deux adversaires.

Vous devez prendre position contre ces choses, de manière claire, nette et irréversible. Que signifie que prendre position ? Vous prenez une position de cœur parce que vous ne pouvez pas prendre position "de chair". Vous décidez dans votre cœur et confessez de votre bouche que vous refusez la peur et le doute, que vous ne les acceptez pas dans votre vie. A l'instant même où vous le faites, il se peut que vous ayez "la chair de poule", que vous soyez "glacé, paralysé par la peur. Mais ce sont les symptômes charnels, vous prenez position malgré eux, vous croyez et confessez votre délivrance ! La peur et le doute perdent progressivement jusqu'à leur emprise physique.

Vous êtes esprit avant tout, votre force réside dans votre esprit ou cœur. C'est au niveau de votre cœur que se joue votre libération, et non au niveau de votre corps. Beaucoup de des frères avaient prié. Elie dut s'étendre trois fois sur l'enfant avant que celui-ci ne ressuscite (1Rois 12 : 21). Il dit sept fois à son serviteur de retourner voir si la pluie arrivait (1Rois 18 : 43). Sept fois Naaman dut se plonger dans le Jourdain (2Rois 5 : 14). Les Hébreux firent pendant sept jours le tour de la ville de Jéricho, et sept fois le septième jour (Josué 6 : 4). Pourquoi ? Toutes les situations ne sont pas les mêmes, les démons varient en puissance et en nombre, ont plus ou moins de prise; Le Seigneur connaît des détails que nous ne connaissons pas, c'est pourquoi Il nous demande de faire des choses qui, parfois, peuvent nous sembler "bizarres".

Mais nous pouvons avoir l'assurance d'une chose : Qu'elle soit immédiate ou qu'elle intervienne à la suite de "coups répétés", la victoire est à nous et c'est ce qui importe. Lorsque vous avez une parole de Dieu comme base, ne lâchez pas "le morceau" avant qu'elle ne se soit accomplie concrètement. Notre bouche peut, et doit, être utilisée comme une véritable mesure contre les forces des ténèbres, mais cette mesure doit être maniée avec persévérance et "coups répétés". qui poursuit et qui est vainqueur et non de celui qui est poursuivi et est vaincu. La Bible nous dit : ***"Résistez au diable et il fuira loin de vous" (Jacques 4 : 7).*** Voyez-vous, c'est à lui de fuir et non à nous, c'est nous qui avons l'autorité. Cette autorité devient pleinement efficace avec la persévérance. Le meilleur exemple, que j'ai trouvé pour illustrer ce chapitre, est tiré de la biographie d'Aimée Mc Pherson, une grande servante de Dieu. Elle relate qu'un soir, alors qu'elle annonçait l'Evangile sous tente, une bande de jeunes gens en colère surgit, criant et se moquant, allant jusqu'à couvrir sa voix, cela dans le but de faire échouer la soirée. Au début, Aimée fut un peu déroutée. Elle dit au Seigneur : "Qu'est-ce que je vais faire ?" Il lui vint soudain à cœur de louer Dieu, c'est-à-dire de faire le contraire de ce qu'elle ressentait à ce moment. Elle commença donc à s'écrier : "Alléluia ! Alléluia ! Gloire à Dieu ! Merci jésus !" Elle eut alors une vision dans l'Esprit et elle vit, derrière ces jeunes gens, des démons qui commençaient à marcher à reculons. A chaque Alléluia, Gloire à Dieu, Merci Jésus, ces démons reculaient d'un pas jusqu'à ce qu'ils eurent disparu derrière les arbres qui entouraient le camp. Puis, continuant à louer, elle vit approcher des anges : à chaque parole de louange, les anges avançaient d'un pas. Il y eut ce soir-là beaucoup de personnes qui donnèrent leur vie à Jésus, dont une grande partie des jeunes gens dissipés. Tout ne s'est pas réglé par une seule louange. Armons-nous de persévérance (Romains 5 : 3) ! Un clou s'enfonce souvent au bout de plusieurs coups frappés avec un marteau. Chacun des coups donnés est important et participe au résultat final. Dieu a plusieurs manières d'agir.

Certaines personnes reçoivent leur guérison ou leur délivrance de manière spectaculaire et immédiate, d'autres avec plus d'efforts, plus de temps, mais c'est la même guérison, la même délivrance. Trois personnes, par exemple, furent délivrées de folie, à la même heure, après avoir porté pendant dix jours un tissu sur lequel gens n'arrivent pas pardonner parce qu'ils n'ont pas compris cela. Ils veulent pardonner, ils confessent qu'ils pardonnent, mais comme ils sentent encore l'amertume monter en eux, ils en déduisent que le problème n'est pas réglé et tout repart. Le diable les dupe en jouant avec leurs sentiments. Ils se laissent prendre au piège parce qu'ils ne savent pas qui ils sont vraiment. Vous êtes votre être intérieur, c'est lui qui doit commander. Vous ne pouvez pas accepter, par exemple, toutes les pensées qui vous passent par la tête dans l'espace d'une journée, mais dire non, je refuse cette pensée...". Apprenons à agir de même avec les "symptômes" physiques contraires aux aspirations de notre esprit et de notre foi. La Bible nous enseigne que… ***"Si quelqu'un dit à cette montagne (de problèmes, de liens, de maladie, etc...) : Ote-toi de là et jette-toi dans la mer, et s'il ne doute point en son cœur, mais croit que ce qu'il dit arrive, il le verra s'accomplir" (Marc 11 : 23).***

➢ ***tout ne se fait pas en un "clin d'œil"***

Il existe une fausse conception qui consiste à croire que tout doit "se toucher du doigt" immédiatement, en l'espace d'un "clin d'œil". On pense généralement que si Dieu nous guérit, on doit soudain, aussitôt après la prière ou l'imposition des mains, se retrouver débarrassé des symptômes. Nous avons constaté que si tel frère a été guéri ou a reçu le baptême du Saint-Esprit de manière spectaculaire, et nous pensons que les choses doivent obligatoirement se passer de la même manière pour nous. Nous ne croirons pas que nous ayons vécu la même expérience. Il nous faut savoir que Dieu agit de plusieurs manières, selon le cas, la personne, le contexte, etc... S'il décide d'agir de manière soudaine, par des dons de l'Esprit dans plusieurs cas, ce n'est pas ainsi qu'Il s'y prend dans grand nombre d'autres. Si les dons de guérison ne se sont pas manifestés lors de la prière, de l'imposition des mains, de l'onction d'huile, pratiquées à mon égard, cela ne veut pas dire que Dieu ne veut ou ne peut me toucher. Nous vivons à une époque où nous aimons tout avoir rapidement : fast-food, etc... et parfois nous exigeons de voir de suite l'exaucement de nos requêtes. Lorsque Jésus a maudit le figuier, rien ne s'est passé sur le moment puisque l'Evangile nous précise que c'est seulement le lendemain matin que les disciples ***"virent le figuier séché jusqu'aux racines" (Marc 11 : 12 à 14 - 20 - 21).***

Nombreux sont les témoignages de guérisons s'échelonnant sur plusieurs jours ou mois, mais accomplies néanmoins par la main du Très-Haut. J'ai personnellement expérimenté de telles guérisons. Je souffrais auparavant du cœur, de troubles digestifs. Lorsque j'ai compris les principes de la foi, j'ai cru à ma guérison, je l'ai confessée chaque jour et loué Dieu avant d'en voir la manifestation. Aujourd'hui, je suis guéri ! Je ne vous enseigne pas des choses que je n'ai pas expérimentées moi-même.

□ ***revêtir une attitude de foi***

Mettre sa foi en action, c'est avoir une attitude qui reflète notre foi. Si nous croyons que nos prières ont été exaucées, il faut aussi apprendre à revêtir l'attitude qui convient à notre foi. Non je ne suis pas en train de dire qu'il faut se mentir, jouer un jeu. Je m'explique : A cause de la lutte qui existe entre notre esprit et notre chair, nous ne faisons pas toujours ce que nous voudrions faire et, en fait, nous ne sommes pas toujours la personne que nous voudrions être (Romains 7 : 15 à 23). Mais comme nous sommes esprit avant tout, nous l'avons déjà souligné, disons que dans notre comportement journalier nous ne sommes pas toujours qui nous sommes. Nous avons vécu pendant des années dirigés par la chair, mais maintenant étant nés de nouveau, c'est à notre esprit "d'annoncer la couleur ». Avec l'épée de l'Esprit, nous dit la Bible, qui est la Parole de Dieu et qui s'utilise à travers notre bouche (Éphésiens 6 : 17). (Apocalypse 19 : 15). Par la louange, il nous est dit dans le Psaume 149 : 6 - 7 que nous lions les princes des démons - c'est comme cela qu'il faut comprendre ces versets -, ceux-là mêmes qui travaillent à intercepter nos "colis" (Éphésiens 6 : 17). En attendant la matérialisation de notre exaucement, puisque celui-ci ne se fait pas toujours immédiatement, il ne faut pas hésiter à confesser la victoire et à louer Le Seigneur pour cette victoire, par ce que j'appelle des "coups répétés" (Psaumes 18 : 4). Dans 2 Rois 13 : 14 à 19, on voit le prophète Élisée dire au roi Joas de prendre un arc et des flèches et de faire un acte de foi, de tirer une flèche par la fenêtre puis de frapper contre terre avec les flèches. Le roi frappe trois fois, puis s'arrête. L'homme de Dieu s'irrite contre lui et dit : "il fallait frapper cinq ou six fois ; alors tu aurais battu les Syriens jusqu'à leur extermination ; maintenant tu les battras trois fois. Joas manquait de conviction, il n'est pas rentré " à fond" dans ce qu'il faisait, en d'autres termes il n'a pas agi avec foi. Peut-être se disait-il : "Puisqu'il me dit de frapper, frappons" ! Il reçut selon sa foi (Matthieu 9 : 29). Et c'est ce que nous faisons parfois, nous sommes "positifs" pendant deux jours, trois, le quatrième "il n'y a plus personne". Nous semons et nous voulons voir pousser dès le lendemain, sinon nous en déduisons que la semence n'a pas pris, alors qu'il nous faut simplement de la patience et de la persévérance. Le Psaume 18 : 38 dit : ***« Je poursuis mes ennemis, je les atteins et je ne reviens pas avant de les avoir exterminés »***. Nos ennemis sont les démons et leurs activités destinées à nous nuire, ce sont les problèmes.

Le Seigneur m'a montré, à travers ce verset, quelle devrait être notre attitude face aux problèmes, à la maladie, aux ennemis de tout genre, aux esprits mauvais.

La Bible déclare que nous "marchons par la foi et non par la vue" (2 Corinthiens 5 : 7). Le Seigneur ne nous demande pas de voir ou de sentir pour croire, mais de se fier à ce qu'Il dit, "tout simplement". Il n'est pas question dans l'Ecriture d'avoir n'importe qu'elle foi, mais la foi qui vient de Dieu !

➢ *L*a foi est un muscle

La foi est une graine dont nous avons chacun la responsabilité d'arroser et d'entretenir, afin qu'elle croisse. Elle est un muscle qu'il faut développer. Et cela ne se fait pas du jour au lendemain, c'est un travail de chaque jour. Lorsque nous sommes nouvellement convertis, le Seigneur nous exauce avec peu de foi, de même que l'on ne demande pas a un bébé la même chose qu'à un enfant de cinq ans, ou encore à un homme. Mais ensuite Il nous donne du temps, afin que nous développions ce don de foi qu'Il a placé en nous à l'état de graine.

Avez-vous remarqué que lorsque vous vous retrouvez deux fois dans une même situation, Dieu vous demande "plus de foi" la seconde fois que la première ? Nous sommes supposés utiliser l'expérience acquise lors de la première fois. Nous sommes supposés grandir. Le Seigneur nous demande toujours plus de foi, au fur et à mesure que nous grandissons dans la connaissance de Sa personne et de Sa Parole.

Nous avons déjà parlé de cela dans la foi de Dieu, et ici je le souligne à nouveau, tellement la compréhension de cette réalité est essentielle. Parfois nous lisons ou entendons le fantastique témoignage d'un serviteur de Dieu et nous décidons de faire comme lui à tous les niveaux, je dirai "en brûlant les étapes". Nous oublions de prendre en considération le fait que cet homme a derrière lui des années de formation et d'expérience, et que sa carrière spirituelle n'est pas la nôtre, du moins pour l'instant. Je ne suis pas en train de dire que vous deviez attendre des mois pour recevoir une guérison.

Dans des cas plus sérieux, on laissera son enfant se tordre de douleurs pendant que l'on bâtit sa foi, pensant ainsi faire confiance à Dieu. C'est souvent inconscient, mais il est si tentant de vouloir prouver aux autres, ou à soi-même, "que l'on a la foi". On peut penser aussi : "Je ne peux quand même pas dire aux frères que je suis allé chez le médecin, moi qui crois à la guérison divine et prêche en ce sens". Voilà ce qu'est l'orgueil de la foi, et cela n'est pas à la gloire de Dieu. Puisque nous parlons de guérison, je vais vous expliquer quelle est mon attitude à ce sujet : Je crois en la guérison divine, non seulement j'y crois, mais je crois qu'elle est pour tous les enfants de Dieu, je le prêche, je l'écris, j'encourage à marcher dans cette dimension, mais lorsqu'il y a besoin de guérison chez nous : "En ce qui me concerne personnellement, je décide pour moi, si je suis à même de livrer le combat de la foi à l'instant où je suis éprouvé.

En général, je le livre et je suis victorieux par la grâce de Dieu. Si dans certaines périodes et situations je décide d'aller chez le docteur, je le fais sans culpabilité, ni devant Dieu, ni devant les hommes. Je prêche la guérison divine, mais je ne prêche pas qu'il ne faut pas aller trouver les médecins. Dieu agit souvent avant que nous n'ayons le temps d'appeler le docteur. Mais il n'est pas question que nos enfants ou qui que ce soit de mon entourage, aient à souffrir parce que je veux à tout prix que la chose se règle par la foi. Vivre la santé divine est à notre portée et tout ce que je viens de dire n'est en aucun cas destiné à remettre.

➢ *La prière rend la foi efficace*

Pour faire naître et faire grandir la foi en nous, il nous faut avant tout écouter. Ecouter ce que la Parole de Dieu nous dit, ce que les serviteurs de Dieu nous disent de la part du Seigneur, ce que l'Esprit nous dit directement aussi, car la foi vient de ce qu'on entend (Romains 10 : 17).

La foi ne vient pas avant tout de la prière - sinon dans sa forme qui consiste à être à l'écoute du Seigneur - mais la prière donne à la foi son efficacité. Par la prière, je me remplis de Dieu. Dans la prière le Seigneur nous révèle Ses plans, Sa volonté, nous confirme que nos demandes correspondent à Sa volonté, Il nous conduit, nous montre quels actes de foi il est bon que nous fassions (il ne s'agit pas de faire tout ce qui nous passe par la tête), Il nous donne la force intérieure pour résister au doute, à la peur, Il nous donne la paix qui se doit d'accompagner "notre ferme assurance". Ainsi la foi que nous avons est vraiment un "don de Dieu" (Ephésiens 2 : 8), elle est vraiment "la foi de Dieu" et non pas simplement la pratique de méthodes et de principes. Les principes, même s'ils sont très importants à comprendre, n'ont aucune puissance par eux-mêmes. C'est Dieu qui nous donne la puissance, Il en revêt notre foi lorsque nous sommes en communion avec Lui.

□ foi et prière sont liées

Plus je lis la Parole de Dieu, plus je me rends compte qu'elle ne forme qu'un tout et qu'on ne peut pas parler d'un point important sans mentionner d'autres points, car les uns et les autres sont étroitement liés, conditionnent leur efficacité réciproque. La foi est liée à la prière mais aussi à l'Amour à la persévérance, à l'espérance, etc... et viceversa. C'est pourquoi Jésus a fait remarquer que toute la loi et les prophètes sont résumés par le seul commandement de l'Amour (Matthieu 22 : 40). La Parole de Dieu est un tout. Parfois on se concentre tellement sur la foi ou sur un autre point d'une grande importance, on en comprend tous les principes, mais on en oublie l'A.B.C., l'Amour de Dieu et l'Amour du prochain, et l'on s'étonne de ce que Dieu n'honore pas nos actes de foi.

La prière venant du cœur est la première forme d'Amour que nous pouvons pratiquer à l'égard de notre cher Seigneur. La prière et la foi sont liées, l'une ne peut se passer de l'autre. Certaines personnes passent beaucoup de temps en prière mais n'arrivent pas à croire pleinement à l'exaucement de leurs prières et encore moins à faire un acte de foi. D'autres parlent toujours de la foi, font continuellement des actes de foi, mais n'arrivent pas à se discipliner pour avoir une vie de prière régulière et leur "foi" leur attire toutes sortes d'ennuis.

➢ la croissance de la foi

1 Timothée 4:6 Les ministres que le Seigneur Jésus-Christ a donné à son Église ont pour mission de nourrir "les saints" en vue de leur croissance et de leur perfectionnement pour les rendre capables de servir dans le royaume de Dieu (Ephésiens 4:11-16) Pour accomplir leur travail, ils doivent utiliser une nourriture spirituelle: **La Parole de Dieu**. C'est cette nourriture qui est nécessaire à la croissance spirituelle de ceux qui croient en Christ (Matthieu 4:3-4).

Le diable sait que la nature humaine est attirée par des actes extraordinaires surnaturels, lui permettant d'accéder facilement à ses désirs charnels. Mais Jésus, notre modèle, ne s'est pas laissé prendre à ce piège subtil de "la preuve d'identité": Si tu es fils de Dieu ! Il ne s'est pas laissé entraîner sur le terrain d'une réponse immédiate et facile à ses besoins. Pourtant il l'aurait pu, lui le Fils de Dieu. Seulement il voulait dépendre de la volonté de son Père, c'était sa nourriture (Jean 4:34)

Pour accepter de faire les efforts nécessaires en vue d'atteindre son objectif sans prendre la voie facile que propose le diable, il faut être mûr spirituellement, adulte dans la foi (1 Corinthiens 3:1-2 / Hébreux 5:12-14) **La Parole de Dieu est une nourriture** à la fois, pour les enfants nouveau-nés et pour les adultes spirituels. En effet, lorsque que l'on est au début de la vie chrétienne, on en est au lait spirituel et pur afin de grandir (1 Pierre 2:2). Puis au fur et à mesure de la croissance spirituelle on devient capable d'assimiler de la nourriture de plus en plus solide. Malheureusement, faute de vouloir ou d'accepter de faire les efforts, il y a, dans les églises, des gens qui demeurent des bébés parce qu'ils ne se séparent de leur "biberon du dimanche matin". En dehors des cultes dominicaux, ils n'assistent à aucune autre réunion (Hébreux 5:13). Nous devons devenir adultes, des chrétiens dont le jugement est exercé au discernement (Hébreux 5:14) et capables d'être "au service" dans le Corps de Christ. Jésus, a eu les bonnes réponses aux tentations du malin, celles qui viennent de la Parole écrite de Dieu: "**Il est écrit**".

Malgré qu'il est réellement le Fils de Dieu, il a voulu en toutes choses, vivre comme un fils de l'homme et dès son enfance, fréquentant régulièrement la synagogue, il a écouté attentivement la lecture des Écritures: la loi de Moïse, les prophètes et les psaumes, dont il s'est nourri. A 12 ans (Luc 3:46-47), il pouvait déjà répondre aux questions des docteurs de la loi, et plus tard, dans le désert, réfuter les insinuations du diable. Si nous négligeons d'écouter et de lire la Parole de Dieu, nous végèterons dans notre foi et nous serons finalement entraînés dans toutes sortes d'enseignements extravagants, étant "flottants et emportés à tout vent de doctrine" (Ephésiens 4:14). Si nous voulons que notre foi soit saine, équilibrée et forte, il faut la nourrir avec une doctrine saine (2 Timothée 1:13). La Parole de Dieu produit la vraie foi, lorsque nous la recevons dans notre cœur et que nous la gardons. Il s'agit de la laisser pénétrer nos pensées, nos sentiments, notre réflexion, afin qu'elle détermine nos choix, nos affirmations, notre mentalité, notre conception des choses et nos comportements. Pour cela, il est indispensable que Sa Parole habite en nous et quelle pénètre au fond de notre cœur afin d'influer sur notre manière de penser, de parler et d'agir. Il faut non seulement l'avaler, mais aussi la digérer (Colossiens 3:16-17).

CHAPITRE 7 : LA NATURE DE LA FOI

On peut définir trois sortes de foi:

1) **La foi naturelle** C'est la faculté de croire qui est dans le cœur de tout être humain et qui s'exerce dans le domaine des choses naturelles. C'est de cette foi qu'il s'agit lorsqu'on croit à la parole de quelqu'un, à une information donnée, ou à une théorie énoncée, etc. Cette foi naturelle est le produit de notre réflexion ou de nos sentiments, de notre intelligence.

Elle fait partie des facultés mentales et intellectuelles de l'être humain et elle s'exerce dans différents domaines: religieux, politique, philosophique, scientifique, occulte, etc. Cette foi naturelle, tournée au départ vers les choses de la terre, peut être éclairée par la lumière de la Parole de Dieu. C'est cette foi que nous voyons agir dans les Évangiles (Jean 4:50). C'est cette capacité à croire qui est dans notre cœur, qui nous fait accepter ou rejeter l'Évangile. Elle engage notre responsabilité, selon ce que dit Jésus: "*Celui qui croira et qui sera baptisé sera sauvé, mais celui qui ne croira pas sera condamné*" (Marc 16:16) C'est la foi du cœur, plus que de la raison ou de l'expérience. C'est la foi que Dieu nous demande pour être sauvé, guéri, exaucé, ou pour bénéficier de ses promesses. C'est la première démarche vers Dieu de ceux qui cherchent à le connaître et qui entendent la prédication de sa Parole (Romains 10:14). L'Évangile est le message de Dieu et Jésus commence son ministère par un appel à la foi (Marc 1:14-15). Ensuite ceux qui ont cru entre dans un processus de construction de la foi, afin de l'édifier pour devenir spirituelle, par l'œuvre des Ecritures et de l'Esprit Saint.

2) **La foi spirituelle** Après avoir accepté l'évangile par sa foi naturelle, la personne qui est devenue chrétienne doit s'attacher à être enseignée. En effet, pour devenir spirituelle la foi naturelle a besoin de l'enseignement de la Parole de Dieu rendue compréhensible par le Saint-Esprit, selon ce que dit Jésus (Jean 6:63). Ce qui vient d'être dit montre que si une personne dit être chrétienne mais n'est pas enseignée convenablement, ou ne se laisse pas enseigner, elle s'évertuera longtemps à servir Dieu avec sa foi naturelle.

Bien sûr les résultats seront décevants, car cette foi raisonne, analyse, compare, et décide, au lieu de faire entièrement confiance à la Parole de Dieu et à la direction du Saint-Esprit.

La foi spirituelle, c'est d'elle qu'il s'agit dans Romains 10:17. A la nouvelle naissance, chaque enfant de Dieu reçoit une "mesure de foi". (Romains 12:3). C'est avec cette mesure qu'il commencera à évoluer, le Saint-Esprit étant présent pour l'aider à faire grandir sa foi. Les premiers disciples du Seigneur Jésus-Christ ont connu cette progression dans la foi. Pendant un certain temps ils ne comprenaient pas l'enseignement de leur Maître, tout en croyant en lui et en le suivant (Jean 6:68). Ils ne comprenaient pas parce que leur intelligence était encore voilée (2 Corinthiens 3:16), et ils craignaient de l'interroger (Luc 9:45). Il a fallu qu'il leur ouvre l'esprit, afin qu'ils puissent comprendre les Ecritures (Luc 24:44-45). C'est là une des raisons pour lesquelles Dieu envoie le Saint-Esprit (Jean 14:25).

3) **La foi surnaturelle ("la foi de Dieu")** Marc 11:12-14, 20-24 Dieu parle avec autorité, il ne doute pas un seul instant de l'accomplissement de ce qu'il ordonne (Psaumes 33:9) Cette foi est communiquée par le Saint-Esprit dans des situations particulières, c'est "Le don de la foi" (Actes 13:9-11 / 1 Corinthiens 12:7-9 / Jacques 1:58). C'est l'autorité de Dieu dont est revêtue la personne qui va exercer "le don de la foi" à un moment donné et pour une occasion déterminée pour manifester une œuvre de Dieu, et pour la gloire de Dieu. Cette autorité est donnée par le Saint Esprit, selon sa volonté. Alors, la personne ordonne, commande avec autorité, sans douter, car elle est "directement branchée" sur la foi de Dieu, sa source est en Dieu lui-même. Plusieurs exemples sont dans la bible, nous ne citerons que quelques-uns (Josué 10:12 / Actes 3:6 / Actes 9:34 / Actes 16:18).

➢ le fondement de la foi

La foi est un élément fondamental de la vie chrétienne (Habacuc2:4 / Romains 1:17 / Galates 3:11 / Hébreux 10:39) La vraie foi, sûre et équilibrée, a pour seul fondement les Saintes Écritures, Parole inspirée de Dieu (2 Timothée 3:16 / 1 Pierre 1:2325 / Actes 17:11). La lecture du chapitre 10 de Romains, montre que la foi est la production d'un certain nombre de choses parmi lesquelles: La parole, la foi, le cœur, la bouche. On y voit également que la foi produit des œuvres, elle n'est pas, et ne doit pas être stérile.

❖ **La parole** "*Ce qu'on entend vient de la* ***parole de Christ***" (Romains 10:17)

C'est la parole de Dieu, appelée ici "parole de Christ". Il y a un lien étroit entre Dieu et sa Parole, ils sont indissociables, ils sont un. Dieu exprime ce qu'il est, ce qu'il veut, par sa parole. Il y a aussi deux aspects de la Parole de Dieu. **La Parole incarnée (Jésus-Christ)** Il est la parole faite chair (Jean 1:1, 14 / Apocalypse 19:13). Tout a été créé par lui et pour lui (Colossiens 1:16-17). Notre foi doit premièrement reposer sur le Seigneur JésusChrist, il est la pierre de fondation (Ephésiens 2:20). Le fait que cette parole ait pris la forme d'un simple homme n'enlève rien à son origine divine, à sa puissance, à son autorité, choisie par Dieu, précieuse et unique, sur laquelle l'Eglise est fondée et c'est sur lui que nous construisons notre propre vie. Il n'y a de salut en aucun autre (Actes 4:1112)

- **La Parole inspirée (La bible)** 2 Timothée 3:16 Le fait qu'elle ait été apportée par des hommes, les prophètes qui l'ont parlée et écrite, n'ôte rien à son origine divine et à sa valeur éternelle et infaillible (1 Pierre 1:23-25 / 2 Pierre 1:20-21). C'est cette Parole divine qui produit la **FOI** dont parle Romains 10:17. Donc, la foi naît lorsqu'on entend prêcher l'Évangile et le message qui suscite la foi, c'est celui qui, sur l'ordre du Christ, s'appuie sur sa Parole et sur son œuvre rédemptrice, son retour avec gloire.

La foi selon la pensée de Dieu, ne peut reposer sur des sentiments, des concepts humains, des expériences, ni même des miracles (ces derniers accompagnent et confirment la Parole de Dieu.). Son fondement c'est la Parole de Dieu, la vérité, selon la déclaration de Jésus lui-même. "Ta Parole est la Vérité" (Jean 17:17). Comme l'affirme également le psalmiste : "Le fondement de ta parole est la vérité, Et toutes les lois de ta justice sont éternelles" (Psaumes 119:160). Le problème c'est qu'il y a souvent un discours confus concernant la Bible:

- On ne dit pas toujours ouvertement que la Bible n'est pas La Parole de Dieu, mais seulement que Dieu parle dans la Bible. Où et quand? Cela est laissé au bon vouloir de chacun.

- On dit que tel passage est de l'homme, qu'un autre est de Dieu.

- On dit que chacun peut avoir une lecture différente de la Bible, ce qui permet de l'accommoder en fonction de sa propre conception.

Dans tout cela on retrouve toujours la même insinuation diabolique qui crée le doute "Dieu a-t-il réellement dit?" (Genèse 3:1) Beaucoup de lecteurs de la Bible, à force d'entendre cette phrase destructrice, ne savent plus trop ce qui est "le dit" de Dieu ou celui des hommes auteurs des textes écrits. Le but du diable est toujours le même : ébranler notre certitude concernant la vérité de ce que Dieu a dit, en semant le doute dans notre cœur.

Les auteurs des écrits de la Bible, ne sont pas seulement des hommes, mais aussi des prophètes inspirés par l'Esprit de Dieu, qui nous ont transmis le message de Dieu, sa Parole qui produit la foi. " C'est poussés par le Saint-Esprit que des hommes ont parlé de la part de Dieu" (2 Pierre 2.21). "La foi vient de ce qu'on entend la parole de Christ", on en déduit que la foi n'est pas le résultat de quelque opération magique ou même surnaturelle, mais que sa substance même est le produit des Saintes Écritures agissant dans notre cœur.

La foi "La foi vient de ce qu'on entend …" (Romains 10:17) Une foi vivante ne peut venir que d'une Parole Vivante.

Croire ne se limite pas à l'acquisition d'un savoir, fut-il biblique. Croire c'est avoir des certitudes absolues, une ferme conviction suivie d'une démonstration, de la pratique de ce que l'on croit. La foi est merveilleusement décrite dans le chapitre 11 de l'épître aux Hébreux : C'est par la foi qu'ils… Ces hommes et ces femmes, ainsi que tous ceux qui les ont imités, croyaient du cœur et agissaient en conséquence.

❖ Le cœur "c'est en croyant du cœur qu'on parvient à la justice" (Romains 10:10) La foi vivante vient du cœur: (Proverbes 4:23 / Jacques 2:26) Croire du cœur rend efficace La Parole de Dieu. Jésus compare le cœur qui reçoit sincèrement la Parole de Dieu, à une bonne terre dans laquelle la semence va produire son fruit (Matthieu 13:23). La foi, est donc premièrement une affaire de cœur. Notre intellect est le canal qu'emprunte la Parole de Dieu pour entrer en nous, afin d'éveiller notre esprit et susciter notre réflexion. Cette Parole est appelée à toucher notre cœur, puis saisir notre conscience (Actes 2:37). L'action de la Parole de Dieu en nous peut se faire de plusieurs manières dont:

- Lente comme une semence qui prend son temps avant de produire du fruit (Jean 12:24),

- Soudaine comme une lumière éclatante qui jaillit dans les ténèbres et éclaire (Esaïe 9:1-2 / Actes 9:3 / Actes 22:6).

- Progressive comme une épée qui pénètre notre âme et nous convainc

(Hébreux 4:12). Une fois que le cœur est touché par la Parole de Dieu, il devient l'élément moteur qui génère nos actes et produit nos élans. La foi est donc plus une affaire de cœur que de raison. Était-ce bien raisonnable qu'Abraham, Moïse, Pierre, Matthieu et les autres se lèvent, quittent tout et suivent Jésus ?

❖ **La bouche** "*c'est **en confessant de la bouche** qu'on parvient au salut*" (Romains 10:10) La foi du cœur produit l'action, une action déterminée, appelée l'obéissance de la foi. Cette foi qui remplit le cœur s'extériorise par la parole qui sort par la bouche (Luc 6:45). Confesser; c'est déclarer par sa bouche quelque chose qui vient de son cœur (Matthieu 16:16 / Galates 2:20 / 1 Corinthiens 12:3). Cette déclaration est partie prenante de l'action qui va suivre, elle renforce même l'imminence de cette action.

❖ **Les œuvres** "*la **foi sans les œuvres** est inutile ... morte*" (Jacques 2:20, 26) Ceux qui ont cru ont toujours agit en conséquence: (Genèse 12:4 / Genèse 6:22 / Luc 5:11 / Jean 4:50 / etc.) Agir sur la parole du Seigneur, est l'élément indispensable pour l'accomplissement de la Parole de Dieu, dans notre vie. Nous devons savoir d'où vient la foi de l'Évangile, (foi en Dieu, en Christ et dans la Parole de Dieu) comment elle augmente en quantité et progresse en qualité et quelles sont les possibilités qu'elle nous offre.

CHAPITRE 8 : LA FOI ET LA PERSEVERANCE

Avoir la foi ne veut pas dire que tout va se faire du jour au lendemain. Il nous est dit de persévérer, dans la Parole de Dieu (Hébreux 10 : 36). Si l'on touchait tout du doigt tout de suite, il n'y aurait pas besoin de persévérer. Si l'on a fait à Dieu une demande en connaissance de Sa volonté, ce n'est pas la peine de répéter cette demande. Répéter sa demande, c'est le type du manque de foi, puisque la foi consiste à croire qu'à l'instant où l'on demande, on reçoit et prend possession de l'objet de sa demande. Maintenant, il est bon de persévérer dans la confession et dans la louange. C'est en croyant du cœur, mais aussi en confessant de la bouche, qu'on parvient à la matérialisation de son Salut (Romains 10 :10) ; c'est à dire de sa liberté, de sa guérison, de sa délivrance, des diverses bénédictions qui nous reviennent; le mot salut impliquant tout ce qui précède. C'est du fruit de sa bouche que l'homme rassasie son corps nous dit la Bible (Proverbes 18 : 20).
Des lèvres doit sortir l'expression de notre foi. Le cœur et les lèvres doivent être un (Psaumes 17:3).

Entre nous et l'exaucement de nos prières, il y a des puissances mauvaises, ou démons, qui travaillent à nous faire douter, à nous faire remettre en question les promesses de Dieu, à intercepter les "colis" que Dieu nous envoie. Comment lutter contre ces puissances ?

Nous ne sommes pas ce que nous sentons que nous sommes, mais ce que la parole de Dieu déclare que nous sommes. Nous ne nous sentons pas spécialement justes, mais la parole de Dieu nous appelle les justes, justifiés par Jésus-Christ (2Corinthiens 5 : 21). Nous ne nous sentons pas obligatoirement remplis de force et d'assurance, mais la Bible nous dit que l'Esprit de Dieu habite en nous, Esprit de force, d'Amour et de sagesse, et qu'il est bien plus grand que celui qui est dans le monde (2Timothée 1 : 7) (1Jean 4 : 4). Il nous faut rentrer dans la "peau" de notre vrai personnage. Les acteurs travaillent à rentrer dans la peau d'un autre. Nous ne devons pas essayer d'être quelqu'un d'autre, mais être nous-mêmes. Cela ne se fait pas tout seul, c'est à nous de le faire, par la foi. Commençons à agir et parler "comme" des gens joyeux puisque c'est ce que nous sommes, et le sentiment de joie ne tardera pas à nous envelopper de façon "perceptible".

Il y a un ordre à respecter : Croire d'abord, puis voir en suite.

➢ *L'importance de la confession*

Mettre sa foi en action, c'est aussi prononcer des paroles qui correspondent à notre foi. Si après avoir cru que Dieu pourvoyait à nos besoins nous commençons à nous inquiéter et à prononcer des paroles d'inquiétude, nous annulons notre foi, nous la tuons "dans l'œuf". ***"La mort et la vie sont au pouvoir de la langue" nous dit la Bible (Proverbes 18 : 21).*** Elle précise encore que l'on peut être enlacé et lié par les paroles de sa bouche (Proverbes 6 : 2). Dans le livre de Joël, au chapitre 3 et au verset 10, l'Eternel dit à Son peuple, en l'envoyant au combat "***que le faible dise : je suis fort !***" Si la peur ou le doute vous assaillent, ne confessez pas la peur et le doute, mais des versets qui affirment que la peur et le doute n'ont pas à avoir d'emprise sur vous. ***"Résistez au diable, et il fuira loin de vous" (Jacques 4 : 7).*** Pour gagner le "combat de la foi", il faut apprendre à garder les yeux fixés sur Jésus. Que veut dire "garder les yeux fixés sur Jésus" ? Cela veut dire : Fixer notre attention, nos pensées, sur les paroles que Le Seigneur nous donne, les promesses qu'Il nous a faites, au lieu de les tourner vers les obstacles et les problèmes.

L'apôtre Paul nous a dit de nous affectionner aux choses de l'Esprit : Cela signifie que nous devons avoir nos pensées aux choses de l'Esprit, que nous devons revêtir l'attitude de l'Esprit, confesser les paroles de l'Esprit (Romains 8 : 5).

□ *la foi et les œuvres*

Comme Abraham, nous sommes justifiés par la foi sans les œuvres (Romains 3 : 28 à 31 ; 4 : 16). C'est-à-dire que nous ne trouvons pas grâce auprès du Père à cause des œuvres que nous pourrions faire, mais à cause de notre foi en Jésus et en Son sang purificateur. Une foi réelle entraîne automatiquement des œuvres qui doivent être la conséquence logique d'une foi profonde. ***"La foi sans les œuvres est morte"***, nous dit Jacques dans son épître (Jacques 2 : 26). Quand il ajoute que notre père Abraham fut justifié par les œuvres, il ne contredit pas l'affirmation de Paul que l'on trouve dans Romains 4 : 2 à 5 qui nous dit qu'Abraham ne fut pas justifié par les œuvres. Et l'épître de

Jacques est loin d'être une "épître de paille". Les œuvres justifient en cela qu'elles révèlent la foi qui justifie.

Ce n'est pas parce que vous donnez de vous-mêmes, de votre temps, de votre argent, que vous êtes obligatoirement dans l'Amour. Mais si vous ne le faites pas, vous n'êtes certainement pas dans l'Amour, car l'Amour est don. Ce n'est pas parce que l'on pratique des œuvres que celles-ci sont automatiquement l'expression de notre foi, mais si nous n'en faisons pas, c'est qu'il y a quelque chose qui ne va pas du côté de notre foi (1Corinthiens 13 : 3). La seule raison pour ne pas pratiquer des œuvres, c'est de ne pas avoir le temps d'en faire comme ce fut le cas pour le brigand crucifié aux côtés de Jésus.
Mais nous sommes appelés à faire des œuvres, et plus précisément celles que Dieu a préparées d'avance pour nous.

Si Dieu nous a donné une promesse ainsi que le feu vert pour nous l'approprier et que nous n'arrivions pas à le faire, Il ne nous donnera pas d'autres feux verts concernant une promesse plus grande tant que nous n'avons pas obtenu cette première victoire.

Nous devons examiner régulièrement l'état de notre foi, être conscients de nos possibilités de l'instant, comme de nos impossibilités. Nous pouvons tout par Celui qui nous fortifie (Philippiens 4 : 13) ! Mais pas tout immédiatement. Nos actes de foi ne peuvent pas se permettre d'être au-delà de notre foi.

➢ la foi et le contexte

Nous entendons au cours d'une convention, nous lisons dans un livre, le merveilleux témoignage de frères et sœurs racontant comment Dieu a miraculeusement pourvu à leurs besoins, comment Il les a sortis de certaines situations désespérées en déployant Sa puissance ; et cela stimule notre foi.

Parfois, on ne prend pas en considération le fait que le Seigneur a agi de la sorte dans une situation précise, un contexte particulier. Sous la chaleur d'Afrique, par exemple, alors que ce frère perdu dans le désert et mourant de soif invoquait son Dieu, Celui-ci fit surgir une source du sol. Situation qui n'a aucun rapport avec la nôtre. Mais nous, à côté de la source du fleuve Congo dans notre province cuprifère en république démocratique du Congo, nous nous attendons dès lors à ce que, chaque fois que nous avons soif, j'exagère un peu bien sûr, le Seigneur accomplisse le même miracle. Comme cela n'arrive pas, nous nous disons que c'est parce que nous n'avons pas assez de foi ou parce que nous ne sommes pas assez spirituels, certainement. Il nous faut savoir qu'en général, Dieu ne va rien faire que nous ne puissions faire nous-mêmes.

Le Seigneur n'est pas un "boy" à qui l'on commande, même sous forme de prière, "fais ceci, fais cela", et le Saint Esprit n'est pas un gadget avec des boutons sur lesquels on appuie à volonté. Si nous avons soif, ce qu'il risque de faire tout au plus, c'est de nous diriger vers une fontaine ou une alimentation. Aussi grande que soit devenue notre foi, elle ne déplacera que les montagnes qui sont susceptibles d'être déplacées pour une raison valable !

En Christ, nous sommes rétablis à la place d'Adam, l'ami de Dieu, c'est vrai, mais pas encore à tous les niveaux. Nous sommes régénérés dans notre Esprit, nous avons autorité sur les démons, sur la maladie, etc., mais notre corps, lui, n'est pas régénéré pour l'instant, c'est là d'ailleurs notre problème. Il nous faut encore mourir, travailler et gagner notre vie à la sueur de notre front, nos femmes accouchent encore dans la douleur.

En fait, nous sommes concrètement affranchis de la malédiction de la loi mais pas encore totalement de celle de la chute (Galates 3 : 13) (Genèse 3 : 24) (1 Corinthiens 15). Avez-vous déjà pensé à cela ? Christ a gagné le combat, et beaucoup de choses sont à notre portée, mais il reste un travail de "nettoyage", si je puis dire, qui n'est pas encore achevé, c'est pourquoi nous nous réjouissons en espérance en vue du monde à venir qui nous permettra de jouir pleinement des conséquences de notre rachat (Romains 12 : 12)

(1 Corinthiens 15 : 19, 24, 28) (Hébreux 2 : 8, 11, 16). Si je soulève ces points, c'est parce que nous devons avoir la sagesse et la connaissance nécessaires afin de ne pas tout mélanger et essayer de vivre ici-bas par la foi au-delà des règles même de la foi.

La foi doit toujours être basée sur une Parole de Dieu ! Ce n'est pas parce que vous avez une Parole de Dieu que tout va se faire tout seul et que vous n'allez pas avoir des sueurs froides, car l'ennemi essayera jusqu'au bout de "court-circuiter" votre exaucement, mais votre assurance aura un fondement solide.

➢ les ingrédients de la foi

Nous avons vu que la foi, bien qu'elle soit la clef qui libère la puissance de Dieu pour pourvoir à la qualité de notre vie, ne suffit pas par elle-même. Je vous ai fait remarquer que pour produire certaines réactions chimiques, il faut réunir plusieurs facteurs : Si l'un de ces facteurs manque, la réaction ne se produit pas. Un vrai Aïoli dans le Sud ne peut se passer de betteraves; même si la sauce aïoli est là, ce n'en est pas moins un Aïoli incomplet. La foi, c'est la sauce Aïoli qui donne son nom au plat. Mais le plat, ce n'est pas simplement la sauce et s'il n'y avait que la sauce, elle ne pourrait porter par ellemême le nom de plat. De même pour "fonctionner" et répondre à notre attente, la foi doit s'entourer d'autres "ingrédients". Combien d'entre nous, après avoir entendu des enseignements sur la foi, ont foncé tête baissée, mettant en pratique, ou croyant le faire, ce qu'ils avaient entendu et... Boum !, par terre. Cette nouvelle connaissance, destinée à leur donner la vie, leur a apporté la mort. Combien se relèvent difficilement de telles chutes et, souvent, ne veulent plus rien entendre sur le sujet de la foi. Dans le passé, mes frères en christ et moi nous sommes retrouvés, à la suite de ce que nous croyions être des actes de foi, dans des situations assez embarrassantes. Il nous a fallu parfois plusieurs mois pour sortir de certaines d'entre elles.

La foi, ce n'est pas de la folie. C'est agir sans voir, certes, mais les choses que nous ne voyons pas existent vraiment car par Sa parole, Dieu les a déclarées être (Romains 4 : 17). Parfois, ce que nous appelons être un acte de foi n'est rien d'autre que "tenter sa chance" ou se lancer "au pif", comme on dit. Nous ne pouvons lier et délier que ce qui a d'abord été lié et délié par Jésus-Christ ; c'est d'ailleurs dans le texte grec le vrai sens du verset de Matthieu 18 : 18. Par exemple, il ne sert à rien de nous déclarer immortels par la foi - dans le sens que nous refusons "au nom de Jésus" de passer par la mort physique - car l'Ecriture affirme clairement que le travail de Christ, vis-à-vis de la mort physique, se terminera à Son avènement (1 Corinthiens 15 : 25, 26, 54). Par contre, nous pouvons déclarer que par Ses meurtrissures nous avons été guéris et saisir cette guérison par la foi, à l'instant, si nous comprenons ce que nous faisons, car l'Ecriture affirme clairement que Christ s'est chargé de nos maladies, c'est fait ! Il nous faut apprendre à rester dans les limites de l'Ecriture, sinon nous allons au-devant des ennuis (1 Corinthiens 4 : 6).

Combien de situations négatives se créent par manque de compréhension de la Parole. Celle-ci devient alors, et nous avons cité des exemples, une occasion de chuter là où elle devrait être une occasion d'affermissement ; elle apporte une odeur de mort là où elle devrait apporter une odeur de vie, car la lettre tue, mais l'Esprit vivifie (2 Corinthiens 3 : 6). Parfois, on vous "matraque" à coups de versets du matin au soir sans que cela ne vous fasse aucun bien. Combien une certaine utilisation des versets de la Bible peut nous asservir au lieu de nous affranchir, nous limiter au lieu de nous aider à déployer nos ailes.

Pourtant le Seigneur a dit : "vous connaîtrez la vérité et la vérité vous affranchira" (Jean 8 : 32), et encore : “Le sabbat a été fait pour l'homme et non l'homme pour le sabbat” (Marc 2 : 27). Il y a beaucoup de gens qui ne sont pas à leur place en maniant constamment les versets : "La Bible dit, la Bible dit...". Frères et sœurs, je profite de cette remarque pour attirer votre attention sur un principe important : On ne peut pas toujours prendre un verset de la parole de Dieu et mettre, quel que soit le cas, tout le monde sous ce verset. Pour certains sujets, chaque cas doit être vu séparément, et la Bible a une réponse pour chacun d'eux. La réponse libératrice pour l'un peut causer la destruction de l'autre, parce que la foi qui engendre la vie est basée non pas simplement sur une parole de Dieu, mais sur une parole révélée (Habacuc 2 : 4).

Beaucoup de frères et sœurs, après avoir connu des échecs, mettent tout de côté et ne veulent plus entendre parler du sujet auquel ils imputent ces échecs. Personnellement, si un point de la parole de Dieu devient pour moi une occasion de chute, je pars du principe que le problème est dû au fait que j'ai mal compris ou mal mis en pratique la Parole, et je travaille à réajuster jusqu'à ce que les résultats apparaissent. Je vous encourage à faire et à penser de même. La Bible dit que sept fois le juste tombe et il se relève (Proverbes 24 : 16). Ce qui est le plus grave n'est pas de tomber, c'est de ne pas se relever. Souvenez-vous : Il n'y a que ceux qui ne font rien qui ne se trompent jamais. En fait ils vivent dans l'erreur, celle de ne rien faire et de ne pas "se mouiller". Dieu aime les gens qui "en veulent", Il est prêt à assumer leurs chutes si eux sont prêts à se relever. Je parle ainsi parce que je sais que les enseignements sur la foi en ont fait tomber un grand nombre.

Parcourez ces lignes et je suis sûr que vous allez réaliser certaines choses. N'hésitez pas à simplement réajuster et repartir : Vous allez, ce faisant, donner sa qualité à votre foi.

➢ la foi doit être mise en action

Imaginez que quelqu'un vous informe qu'il vient de déposer plusieurs millions sur votre compte en banque. Vous le croyez, vous pensez déjà à tout ce que vous pourrez faire avec cet argent, mais vous ne vous donnez pas la peine de vous rendre à la banque retirer de ce qui vous appartient, ni d'utiliser votre carnet de chèques.

Quel que soit le montant de la somme qui est sur votre compte, cela ne vous sert à rien, c'est comme si vous ne possédiez rien. Il en est de même avec la foi, vous pouvez en comprendre les, croire aussi fort que vous le pouvez, savoir tout ce qu'il faut savoir sur le sujet, si vous ne la mettez pas en action, vous ne pourrez jamais saisir les bénédictions que le Seigneur vous destine.

Car la foi, c'est saisir, prendre de force (non pas à Dieu, mais à Satan) ce que l'ennemi essaye de nous ravir. Mettre sa foi en action, c'est combattre "le combat de la foi", contre le doute, la peur, c'est persévérer, faire des actes et prononcer des paroles qui correspondent à ce que l'on croit dans son cœur (1 Timothée 6 : 12).

➢ *Persévérer contre la peur et le doute*

Il n'est pas contraire à la foi d'avoir une assurance, même d'emprunter ou de faire un crédit, aussi longtemps que nous ne sommes pas motivés par la crainte, la convoitise, et que nous agissons dans les limites du raisonnable. Peut-être me direz-vous : "La foi est une folie dit la Bible, comment pouvez-vous parler de limites du raisonnable ?" Nous vivons dans un monde régi par certaines lois, lois que Dieu Lui-même a créées. Par exemple, si je tombe d'un arbre, je pars vers le bas et non vers le haut, cela nous semble évident, mais si je pars vers le bas, c'est à cause de la loi de la pesanteur.

En venant à Jésus et en ayant la foi, cela ne nous affranchit pas de la loi de la pesanteur, un chrétien qui tombe d'un arbre suit la même trajectoire qu'un inconverti, n'est-ce pas ? En marchant sur l'eau, Pierre a mis en action la folie de la foi maîtrisant la loi de la pesanteur. Mais, quand Pierre a-t-il marché sur l'eau ? Lorsque Jésus lui a dit de le faire ! S'il s'était lancé comme cela, il aurait coulé immédiatement (1Corinthiens 2 : 14) (Matthieu
14 : 28 - 29).

Dans la mesure où Dieu ne nous a pas dit clairement de faire un acte de "folie", nous devons apprendre à rester dans les mesures du raisonnable parce que nous sommes encore soumis à ses lois. Le raisonnable, pour un chrétien évidemment, sera toujours moins raisonnable que pour un inconverti parce que le chrétien n'est pas supposé vivre dans la crainte, sa vision pour l'ensemble de sa vie est plus large, du moins devrait-elle l'être.

➢ la foi n'est pas de l'autosuggestion

Les principes de foi, même s'ils y ressemblent en partie, ne sont pas de l'autosuggestion. La foi en action, ce n'est pas la méthode Coué. L'autosuggestion a en elle une part de ce qu'est la foi, mais une part minime. La foi, c'est confesser la parole de Dieu, y croire, c'est appeler les choses qui ne sont pas comme si elles étaient, mais ce n'est pas confesser tout ce dont on a envie. (Romains 4 : 7). La foi s'aligne toujours sur la parole de Dieu, et bien sûr de ce fait sur la volonté de Dieu.

Fred Price, homme de Dieu "spécialisé" dans l'enseignement sur la foi, a fait remarquer lors d'une convention cette évidence qui nous échappe souvent : Que Dieu nous demande, à Son exemple, d'appeler les choses qui ne sont pas comme si elles étaient, et non d'appeler les choses qui sont comme si elles n'étaient pas. C'est un peu dur à saisir au départ, n'est-ce pas ? Si vous êtes malade, vous pouvez, si vous comprenez ce que vous faites, confesser que Jésus vous a guéri, mais cela ne veut pas dire : Confesser que vous n'êtes pas malade. Car c'est bien parce que vous êtes malade que vous avez besoin de mettre votre foi en action pour vous approprier la guérison de Jésus.

CHAPITRE 9 : LA FOI ET L'AMOUR

La Bible affirme au sujet de la foi qu'elle est agissante par l'amour (Ephésiens 3 : 19). Voilà donc un facteur essentiel pour provoquer notre "réaction chimique". Celui qui ne marche pas dans l'Amour, vis-à-vis de ses semblables annule l'effet de sa foi car Dieu n'exauce point les pécheurs (Jean 9 : 31). Mépriser, médire, être sectaire, refuser de pardonner, etc... c'est violer la loi de Dieu par excellence : la loi de l'Amour ; l'Amour résume tous les commandements (Matthieu 22 : 34 à 40). La foi et l'amour sont indissociables : la foi, la vraie, est une expression de l'Amour.

L'Amour doit être mis en action par la foi, pour dépasser certaines limites. Exemples : Il faut avoir de la foi pour pardonner car il ne faut pas se fier à ce que l'on ressent, il faut pardonner, c'est tout ! Si vous faites aux autres ce que vous aimeriez qu'ils vous fassent, votre foi aura de l'assurance devant Dieu (Proverbes 11 : 25), (Luc 6 : 31 à 38).

□ Faire de bonnes œuvres

Hébreux 13:20-21 : "Que le Dieu de paix ... vous rende capables de toute bonne œuvre pour l'accomplissement de sa volonté".

Il y a dans les œuvres un piège énorme pour un chrétien, auquel il est très facile de se faire prendre s'il n'a pas de connaissance dessus. Pour ce qui est de la générosité par exemple, si l'homme n'écoute pas les intuitions qui le poussent à dépenser ou à donner, la même somme lui échappera sans profit ou d'une façon malheureuse.

Un ami m'a relaté son malheur : il lui était arrivé une fois lors de ses courses au centre-ville, une Damme pauvre parait-il, plaidée d'avoir juste un peu de sous. Mon ami ayant cela, mais résista de lui en donner un peu. A son retour, mon ami prit le transport en commun ; et au moment de payer son argent au receveur pendant que le véhicule s'avancé à grande vitesse et que les vitres du véhicule étaient quasiment rabaissé, il sorti un billet de grande valeur, lequel en le remettant au receveur devait en retour attendre sa différence d'argent, mais le billet en question lui fut brusquement arraché par le vent qui se mouvait au dedans jusqu'à le projeter au dehors au travers de la vitre (ouverte) et le conducteur étant informé avec un retard d'une dizaine de mètres depuis la projection du billet fut désintéressé et accéléra jusqu'à destination.

En fait, on nous le dit toujours que Tel qui donne libéralement devient plus riche et tel qui épargne à l'excès, ne fait que s'appauvrir. Bien entendu, certaines personnes donnent volontiers, mais ne savent point recevoir ; elles refusent les cadeaux, par orgueil, par mépris ou pour quelques raisons négatives, tarissant, ainsi, leurs sources et, invariablement, se trouvent à peu près dénuées de tout. Nous devons veiller à rester dans un état de pureté de cœur, de joie continuelle et de douceur connue de tous. Et nous n'y parviendrons qu'en laissant Jésus-Christ diriger notre vie. *Car là où il y a un zèle amer et un esprit de dispute, il y a du désordre et toutes sortes de mauvaises actions. La sagesse d'en haut est premièrement pure, ensuite pacifique, modérée, conciliante, pleine de miséricorde et de bons fruits, exempte de duplicité, d'hypocrisie. Jacques 3 : 16-17* L'équilibre entre donner et recevoir existe toujours, et, si l'homme donne sans souci de retour, il n'a pas de foi, c'est-à-dire qu'il n'accepte pas ce qui lui revient ; car tout don vient de Dieu, l'homme n'est que le canal. Il ne faut jamais avoir, au sujet de celui qui donne, une pensée de pénurie. Le Seigneur aime celui qui sait recevoir autant que celui qui sait donner.

L'abondance est un droit divin de l'homme ! Il a droit à la surabondance ! En vérité, nos ressources sont inépuisables et infaillibles lorsque notre confiance en Dieu est absolue. C'est l'homme lui-même qui, par sa vision limitée, limite son abondance, d'où la confiance et la foi doivent précéder la démonstration. « *Qu'il te soit fait selon ta foi, parole de jésus.* »

- ***Que se passe-t-il si nous faisons la volonté de Dieu?***

- ***Le salut éternel***

"Ceux qui me disent : Seigneur, Seigneur! N'entreront pas tous dans le royaume des cieux, Mais celui-là seul qui fait la volonté de mon Père qui est dans les cieux"(Matthieu 7:21). "Celui qui fait la volonté de mon Père demeure éternellement" (1 Jean 2:17).

- ***L'exaucement de nos prières***

"Si quelqu'un honore Dieu et fait sa volonté, c'est celui-là qu'il exauce"(Jean 9:31). "Afin qu'après avoir accompli la volonté de Dieu, vous obteniez ce qui vous est promis"

(Hébreux10:36). D'ailleurs, Jésus a dit que celui qui fait la volonté de son Père est son frère, sa sœur, sa mère (Matthieu 12:50).

✓ ***Quels sont les indicateurs de notre foi***

Vous vous posé probablement la question de savoir pourquoi ce livre dont l'intitulé cadre directement et sans tournure avec la foi, s'attarde aussi longtemps sur l'action de grâce et la louange ; certainement oui parce que l'action de grâce et la louange sont le langage de ***la foi*** et si nous prenons l'habitude de les pratiquer des dizaines de fois par jour, ce qui n'est pas difficile, notre ***foi*** va grandir et en conséquence Dieu nous remplira de sa joie. Nous aurons bien sûr des épreuves mais si nous persévérons dans l'action de grâce et la louange, nous serons toujours vainqueurs et nous resterons dans la paix et dans la joie. Tout cela s'appuie sur quatre versets bibliques fondamentaux, tous de Paul, qui ont en commun l'expression "toutes choses" et sur un cinquième verset recommandant aussi de rendre grâce "quoi que vous fassiez en parole ou en œuvre". *"Soyez toujours joyeux. Priez sans cesse. Rendez grâces* ***en toutes choses*** *car c'est à votre égard la volonté de Dieu en Jésus-Christ"(1 Thessaloniciens 5:16-18).*
A propos de ce verset, Merlin Carothers dit dans son livre "Puissance de la louange" : "C'est là la perfection chrétienne. Nous ne pouvons parvenir plus loin et nous ne devons pas nous contenter de moins". Jésus nous a apporté le salut mais aussi la joie.

Or la joie de Dieu en nous conduit à prier sans cesse; la joie et la prière ensemble conduisent à dire merci en toutes choses.
"Nous savons du reste que ***toutes choses*** *concourent au bien de ceux qui aiment Dieu" (Romains 8:28),* donc de ceux qui lui font confiance, qui le laissent agir dans leur vie. Un peu plus loin dans cette épître, Paul dit : "Que dirons-nous donc à l'égard de ces choses?" (Verset 31) et plus loin au verset 37 : *"Mais* ***dans toutes ces choses*** *nous sommes plus que vainqueurs par Celui qui nous a aimés(Jésus)", "nous remportons la plus complète victoire"* dit la Bible en français courant.

L'apôtre Paul redit la même chose différemment dans ces deux autres versets : *"Grâces soient rendues à Dieu (le Père), qui nous fait toujours triompher en Christ" (2 Corinthiens 2:14*), *"Mais grâces soient rendues à Dieu, qui nous donne la victoire par notre Seigneur Jésus-Christ" (1 Corinthiens 15:57).* Ainsi, si nous aimons Dieu, c'est à dire si nous lui faisons confiance, la Parole de Dieu nous promet pour toutes choses **la victoire, la plus complète victoire, le triomphe**. Comment ne pas nous en réjouir d'avance ?

L'action de grâce et la louange n'excluent pas la prière, comme le montre ce verset :*"Réjouissez-vous toujours dans le Seigneur; je le répète, réjouissez-vous ... Ne vous inquiétez de rien; mais* ***en toute chose*** *faites connaître vos besoins à Dieu par des prières et des supplications, avec des actions de grâce" (Philippiens 4:4-6).*

Ainsi, exprimer à Dieu notre besoin et même le supplier n'est pas incompatible avec les actions de grâce pourvu que la prière soit suivie d'actions de grâce. D'ailleurs, lorsque Jésus s'est adressé à son Père pour ressusciter Lazare, il s'est contenté de l'action de grâce, la seule prière de Jésus après avoir levé les yeux en haut : *"Père, je te rends grâce de ce que tu m'as exaucé" (Jean 11:41).* La prière avec actions de grâce est encore recommandée dans *Colossiens 4:2 : "Persévérez dans la prière et veillez-y avec actions de grâce"* Gosset a dit dans une conférence : "L'action de grâce saisit ce que Dieu tient en réserve pour nous".

Un cinquième verset de Paul nous recommande encore de rendre grâce, mais cette fois dans un autre champ d'application, très vaste lui aussi : tout ce que nous faisons en parole ou en œuvre : *"Et quoi que vous fassiez, en parole ou en œuvre, faites tout au nom du Seigneur Jésus, en rendant par lui des actions de grâce au Père" (Colossiens 3:17).*

Dieu nous demande-t-il donc de le remercier en toutes choses, même quand tout va mal et pour tout ce que nous faisons? La réponse est oui. C'est tellement déroutant, tellement loin de tout ce qu'on nous a appris, qu'on a tendance à lire ces versets sans les mettre en pratique. D'ailleurs, la liturgie de la messe catholique comporte ce passage : "Vraiment, il est juste et bon de te rendre gloire, de t'offrir notre action de grâce, toujours et en tout lieu". Ce passage est lu à haute voix par le prêtre à l'offertoire, mais qui le retient" ? Pourtant, chaque difficulté, chaque circonstance pénible ou douloureuse est une opportunité pour nous d'exercer et de faire grandir notre foi. C'est sans doute le moyen le plus concret, le plus fréquent pour cela mais c'est difficile. A la lumière de tout ce que le Saint-Esprit m'a révélé en septembre 2015, je m'efforcerai dans ce chapitre de réduire considérablement cette difficulté à moi comme aux autres.

➢ ***Qu'est-il important de croire avant tout ?***

Il est important de croire avant tout en Dieu, c'est évident, de croire que Jésus est le Fils de Dieu, le seul chemin, la vérité et la vie (Jean 8 : 24 ; 14 : 1-5), mais aussi que la Bible est la parole de Dieu. Une fois que l'on croit en Dieu et en Jésus il nous faut, pour pouvoir aller plus loin, réaliser que la Bible est réellement la parole de Dieu. Car c'est dans la Bible que sont consignés les préceptes et enseignements qui vont nous permettre de vivre votre vie de chrétien, sinon nous aurions cru en vain. La Bible nous dit que "le juste vivra par sa foi" (Habakuk 2 : 4). Elle nous montre aussi comment et d'où vient la foi : "la foi vient de ce qu'on entend, et ce qu'on entend vient de la parole de Christ" (Romains 10 : 17). Qu'est-ce que la parole de Christ ? Christ parle de plusieurs manières, mais Il nous a donné spécialement la Bible. La Bible est la parole de Dieu !

La Bible est notre critère, notre "mode d'emploi". Toute parole que le Seigneur nous donne sans passer par la Bible ne peut être contraire à ce que la Bible affirme, parce que Dieu ne se contredit pas. Croire-adhérer-à Jésus est indissociable du fait de croire en Son enseignement, en Ses paroles. Christ Lui-même est appelé "La Parole" (Jean 1 : 17) (Apocalypse 19 : 13). Jésus et Sa Parole ne forment qu'un, on ne peut avoir l'un sans l'autre.

Certaines personnes disent : "Moi je crois en Jésus...", "Je suis chrétien...", mais n'arrivent pas à croire que la Bible est la parole de Dieu. Un chrétien, un vrai, ne peut se passer de la Bible !

➢ ***La bible est la parole de dieu !***

Il est assez illogique de croire que Jésus est le Fils de Dieu et de ne pas croire que la Bible est la parole de Dieu. Car c'est elle qui rend témoignage que Jésus est le Fils de Dieu, qu'Il est mort pour nos péchés et qu'Il est ressuscité (Marc 14 : 61-62) (1Corinthiens 15 : 3-4). Il existe des livres qui essayent de démontrer "par A + B" que les livres de la Bible ont été falsifiés et qu'en aucun cas on ne peut considérer tout leur contenu comme inspiré par Dieu.

Il en existe d'autres qui démontrent le contraire de tels livres et qui sont intéressants pour certains, mais seule la lecture de la Bible fait naître, chez celui qui "cherche sincèrement à comprendre", la certitude que celle-ci est bien la Parole du Dieu vivant est vraie ! La foi en la Bible vient de la Bible elle-même !

Dans les Psaumes, on peut lire les versets suivants : ***"Ta parole est une lampe***

à mes pieds et une lumière sur mon sentier" ; ***"Comment le jeune homme rendra-t-il pur son sentier ? En se dirigeant d'après ta parole" (Psaumes 119 : 9-105).*** Si Dieu a permis que les livres (Bible signifie : livres) dans lesquels est consignée Sa Parole, soient touchés par le diable, cette "lampe à mes pieds" risque de me faire "casser sérieusement la figure".

Quant au pauvre "jeune homme", il peut faire tous ses efforts pour essayer de rendre pure son sentier, il perd son temps: on ne saurait devenir pur si ce qui est prévu pour nous rendre pur ne l'est pas. On peut même en déduire que Dieu n'est pas honnête envers nous et qu'Il ne sait pas trop ce qu'Il fait, car Il ne prend même pas soin de Sa Parole. Mais gloire Lui soit rendue, Il sait très bien ce qu'Il fait : Dieu est un Dieu responsable, Il a veillé sur Sa Parole.

Jésus Lui-même affirme qu'il ne disparaîtra pas de la loi un seul iota ou un seul trait de lettre, tant que la terre subsistera (Matthieu 5 : 18). Il n'aurait pas pu déclarer aussi, au sujet d'écrits mal conservés et falsifiés : ***"Ils ont Moïse et les prophètes*** (l'ancien testament), ***qu'ils les écoutent" (Luc 16 : 29).*** Dans sa première épître à Timothée, Paul recommandait à celui-ci, de s'appliquer à la lecture (1Timothée 4 : 13) et dans sa seconde épître il l'exhortait encore : "tu connais les saintes lettres qui peuvent te rendre sage à salut (2Timothée 3 : 15), et aussi : *"toute Ecriture est inspirée de Dieu, et utile pour enseigner, pour convaincre, pour corriger, pour instruire dans la justice (2 Timothée 3 : 16).* Jean conclut son Evangile en disant "ces choses ont été écrites afin que vous croyiez que Jésus est le Christ, le Fils de Dieu" (Jean 20 : 31). Il ne se faisait aucun souci au sujet de ce qu'il pourrait advenir de son Evangile au cours des âges, car il savait en qui il avait cru !

. Parfois, Dieu parle - et je crois qu'Il nous parle tous les jours, c'est nous qui n'écoutons pas toujours (Job 33 : 14) - et nous saisissons un début de phrase de ce qu'Il a à nous dire.

Nous "partons alors en courant", laissant Le Seigneur en train de parler. Revenus de nos "déboires", nous Lui demandons pourquoi tout cela n'a pas marché, et Il nous répond : "Fils, tu n'as même pas attendu que je finisse Ma phrase, Je t'ai dit que Je voulais que tu fasses telle et telle chose, j'étais sur le point de te donner la suite des directives lorsque tu es parti comme un fou". Concernant de nombreuses situations, il nous faut connaître non seulement ce que Dieu nous appelle à faire, mais aussi comment et quand Il nous appelle à le faire. S'il nous manque le temps de Dieu, il nous manque en fait la sagesse même de Dieu. Ne prenons pas comme excuse, pour tout, que ce n'est pas le temps de Dieu mais sachons que lorsque Le Seigneur a fixé un temps, notre foi ne peut se passer de prendre ce temps en considération pour porter du fruit.

CHAPITRE 10 : EVANGELISONS LE MONDE PAR L'EXCERCICE DE NOTRE FOI

Ce chapitre s'occupe à redonner à tout celui qui se sent reprocher d'être à l'encontre du plan merveilleux de Dieu une occasion imméritée de retourner à ce dernier car toutes les promesses de Dieu lui seront de plus en plus pratique au fur et à mesure qu'on s'attache à Dieu en lui faisant confiance, et cela sera le contraire de ce qui se passe dans le monde quand ont fait la publicité d'un produit par exemple ; il se fait que tout ce qu'ont rassure sur le résultat favorable de l'application dudit produit soient quasiment contraire ou n'ont pas toujours un rapport aussi direct au résultat obtenu, alors que par rapport à la fois en Dieu, une fois que vous mettez sa parole en pratique, aucune déception ne sera à signaler car il est écrit : *les voies de Dieu sont parfaites, La parole de l'Eternel est éprouvée ; il est un bouclier pour tous ceux qui se confient en lui.*

Si vous n'avez jamais expérimenté personnellement la foi en Dieu par JésusChrist, ce chapitre vous guidera également pas à pas, mais si vous avez déjà fait ce pas capital vous pouvez guider quelqu'un d'autre en utilisant le contenu de ceci.

□ La volonté de Dieu est que tout le monde soit sauvé

Il y a plusieurs faits révélés dans le plan de Dieu pour le salut par la foi. Quand on les étudie il faut garder en mémoire qu'il s'agit du plan de Dieu et pas celui de l'homme. Mais aussi que le chemin de Dieu est une personne incontournable qui est son Fils unique, le Seigneur Jésus-Christ. Jean 14:6 : "Jésus lui dit*: Je suis le chemin, la vérité et la vie; personne ne vient au Père que par moi.*"

Reconnaissons que, contrairement aux écrivains d'aujourd'hui qui n'ont qu'une vision trop lointaine de Jésus, il en existe ceux qui ont même vécus avec lui, et eux ont donné des informations de première main. De plus les écrivains du premier siècle ne faisaient pas leur travail pour vendre des livres, mais ils le faisaient d'une manière totalement désintéressée, uniquement pour rendre gloire à Dieu, et quelquefois ceux qui ont témoigné au sujet de Jésus l'ont fait au prix de la persécution et du mépris. Les choses qui demeurent aujourd'hui incompréhensibles ne doivent pas nous empêcher de découvrir les merveilleuses certitudes que Dieu nous a léguées dans le Nouveau Testament par Jésus-Christ notre sauveur.

Découvrons un peu le témoignage de ceux qui ont vécu au temps de Jésus, et dont les paroles ont été écrites au premier siècle de notre ère.

- Jean le Baptiste : "Le lendemain, il vit Jésus venant à lui, et il dit: Voici l'Agneau de Dieu, qui ôte le péché du monde." (Jean 1:29).

"Et j'ai vu, et j'ai rendu témoignage qu'il est le Fils de Dieu." (Jean 1:34).

- André : "Nous avons trouvé le Messie" (Jean 1:41).
- Nathanaël : "Rabbi, tu es le Fils de Dieu, tu es le roi d'Israël." (Jean 1:49).
- Nicodème : "Rabbi, nous savons que tu es un docteur venu de Dieu; car personne ne peut faire ces miracles que tu fais, si Dieu n'est avec lui." (Jean 3:2).
- Une Samaritaine : "Seigneur, lui dit la femme, je vois que tu es prophète." (Jean 4:19).
- Des Samaritains : "Et ils disaient à la femme: Ce n'est plus à cause de ce que tu as dit que nous croyons; car nous l'avons entendu nous-mêmes, et nous savons qu'il est vraiment le Sauveur du monde." (Jean 4:42).
- Ceux qui ont vu la multiplication des pains : "Celui-ci est vraiment le prophète qui doit venir dans le monde." (Jean 6:14).
- Pierre : "Et nous avons cru et nous avons connu que tu es le Christ, le Saint de Dieu." (Jean 6:69).
- Les huissiers : "Les huissiers répondirent: Jamais homme n'a parlé comme cet homme." (Jean 7:46).
- Un aveugle : "Ils dirent encore à l'aveugle: Toi, que dis-tu de lui, sur ce qu'il t'a ouvert les yeux? Il répondit: C'est un prophète." (Jean 9:17).
- Le même aveugle, plus tard : "Jésus apprit qu'ils l'avaient chassé; et, l'ayant rencontré, il lui dit: Crois-tu au Fils de Dieu? Il répondit: Et qui est-il, Seigneur, afin que je croie en lui? Tu l'as vu, lui dit Jésus, et celui qui te parle, c'est lui. Et il dit: Je crois, Seigneur. Et il se prosterna devant lui." (Jean 9:35-38).
- Marthe : "Elle lui dit: Oui, Seigneur, je crois que tu es le Christ, le Fils de Dieu, qui devait venir dans le monde." (Jean 11:27).

• Les disciples : "Maintenant nous savons que tu sais toutes choses, et que tu n'as pas besoin que personne t'interroge; c'est pourquoi nous croyons que tu es sorti de Dieu." (Jean 16:30).

• Marie (après la résurrection) : "Jésus lui dit: Marie! Elle se retourna, et lui dit en hébreu: Rabbouni! C'est-à-dire, Maître!" (Jean 20:16).

• Thomas (après la résurrection) : "Puis il dit à Thomas: Avance ici ton doigt, et regarde mes mains; avance aussi ta main, et mets-la dans mon côté; et ne sois pas incrédule, mais crois. Thomas lui répondit: Mon Seigneur et mon Dieu!" (Jean 20:27, 28).

• Jean : "Jésus a fait encore, en présence de ses disciples, beaucoup d'autres miracles, qui ne sont pas écrits dans ce livre. Mais ces choses ont été écrites afin que vous croyiez que Jésus est le Christ, le Fils de Dieu, et qu'en croyant vous ayez la vie en son nom." (Jean 20:30, 31).

Considérons les faits. Plus de quarante auteurs, ayant diverses occupations dans la vie, contribuèrent à compiler soixante-six livres distincts: Moïse était un prince; David, un roi; Esaïe était un érudit; Ezéchiel, un sacrificateur; Néhémie, un homme politique; Pierre était un pêcheur; Paul fabriquait des tentes; Matthieu était un percepteur d'impôt et Luc, un médecin. Même un berger, Amos, fut l'auteur d'un des livres de la Bible.

Considérons, par ailleurs, que ces auteurs écrivirent pendant une période de mille cinq cents ans, pendant laquelle beaucoup d'entre eux ne connurent jamais l'existence des autres. Cependant, la Bible fait preuve d'une continuité, d'une unité d'esprit incroyable et d'une autorité surnaturelle. Il n'est guère étonnant qu'en parlant de Jésus, Matthieu ait pu dire: «Après que Jésus eut achevé ces discours, la foule fut frappée de sa doctrine; car il enseignait comme ayant autorité, et non pas comme leurs scribes» (Matthieu 7:28-29).

□ La conversion : une expérience merveilleuse avec le créateur

Beaucoup d'hommes reconnaissent non seulement l'existence de Dieu, mais affirment avoir rencontré le Créateur au travers d'une expérience personnelle avec JésusChrist, Son Fils. Le fait même qu'en moyenne 70 000 personnes dans le monde entier acceptent Jésus-Christ comme leur Sauveur personnel chaque jour (selon les statistiques missionnaires officielles), nous démontre que quelque chose de très réel se passe. Ce n'est certainement pas de l'hystérie collective. Des témoignages de conversions insolites et dramatiques ont surgi ces derniers temps de la part de gens que l'on croyait tout à fait endurcis envers l'Evangile de Jésus-Christ. Certaines de ces personnes s'étaient parfois moquées publiquement de l'existence même de Dieu. William Murray, fils de Madalyne Murray O'Hair, l'athée la plus avouée d'Amérique, a non seulement dénoncé les concepts de l'athéisme auxquels il avait adhéré en tant qu'adolescent, mais il est réellement devenu un chrétien «né de nouveau».

Les témoignages semblables à celui de Bill Murray sont fréquents et continuent de révéler le fait que Jésus-Christ change vraiment les vies.

Il faut rappeler aussi qu'un grand nombre de personnes croient que Dieu est le Créateur de toutes chose et qu'il est le Concepteur des différentes étapes de la création, notamment lorsque l'homme fut doté de la faculté de choisir, alors que les animaux ont seulement un instinct.

Nous devons d'abord reconnaître la réalité de Dieu. Cela paraît chose facile, mais pour certains, le pas semble impossible. Ils cherchent la preuve de l'existence de Dieu, mais Dieu la leur cache intentionnellement afin de protéger leur libre choix dans cette question importante que nous appelons «croire». La foi est, donc, vraiment davantage une décision de la volonté qu'une émotion. Nous devons choisir de croire, et, jusqu'à ce que nous choisissions de croire. Dans un sens réel, la Bible n'essaie jamais de prouver l'existence de Dieu. De ce fait, la qualité même de la foi nécessaire pour développer la croissance spirituelle d'un croyant ne servirait à rien si l'existence de Dieu pouvait être prouvée catégoriquement aux yeux des profanes. La foi est une condition préalable absolue dans tous les cas.

Voyons aussi les témoignages des fameux scientifiques de ce monde

Chaque lever du soleil (et chaque coucher du soleil) est un chant silencieux qui rend hommage à la réalité de Dieu. En vérité, une claire nuit étoilée est tout ce dont n'importe quel être pensant devrait avoir besoin pour reconnaître qu'il y a un Dieu.

Néhémie, conseiller nommé par Dieu d'un ancien roi babylonien, dit:
«C'est toi, Eternel, toi seul, qui as fait les cieux, les cieux des cieux et toutes leurs armées, la terre et tout ce qui est sur elle…» (Néhémie 9:6).

La création autour de nous s'écrie sans cesse: «Ton Dieu règne» (Esaïe 52:7). Le philosophe grec, Aristote, était certainement du même avis. Il écrivit: «si quelqu'un, ayant passé sa vie sous la terre, voit tout à coup la lumière du jour et les merveilles du ciel et de la terre, il dirait que ce doit être les œuvres d'un être que nous appelons Dieu.»

Aristote n'était pas seul parmi les scientifiques des siècles passés à reconnaître la réalité de Dieu. Considérons Galilée, il fut emprisonné à cause de ses découvertes, en avance sur son temps (et même sur la religion de son temps!).

De sa cellule, Galilée écrivit: «Si je n'avais aucune autre raison de croire en la sagesse et en la bonté de Dieu, la paille même sur le sol de ce cachot me le démontrerait.» De même, la science moderne apporte son appui, Wernher Von Braun, l'inventeur renommé des premières fusées spatiales, a dit: «Plus je pénètre dans l'espace, plus grande est ma foi en Dieu.»

Encore un autre scientifique, Dwayne T. Gish, un biochimiste renommé, dont les vues sur la création furent fréquemment publiées dans les plus grandes revues, écrivit: «Quant au grand mystère de la vie, j'accepte simplement et définitivement le témoignage de la Genèse qui dit: Dieu souffla dans les narines de l'homme un souffle de vie.» (Genèse 2:7).

A part les témoignages de scientifiques qui, eux-mêmes, reconnaissent l'existence de Dieu, nous voyons de plus amples évidences dans les témoignages de diverses branches de la science. Les évidences sont écrasantes, mais il semble que les yeux s'ouvrent lorsque l'on place sa confiance dans le Créateur. Il y a un Dieu qui communiqua Son amour à l'humanité. Il choisit de faire ceci par Sa Parole écrite, la Bible, par son Saint-Esprit, et par Sa Parole vivante, Jésus-Christ, Son Fils.

□ Le bonheur de la foi en Dieu

Nul jour ne se lève qui soit dépourvu de la puissance du royaume éternel. Jack Hayford écrivit: «Il n'y a pas de plus grand secret de croissance et de victoire, ou de triomphe dans la vie de tous les jours, que de commencer chaque nouvelle journée avec Jésus.»

La croissance est un choix. La maturité est un acte de volonté. Chaque journée que nous vivons attend devant nous, soit comme un passage qui mène à la promesse, soit comme une porte qui mène à la défaite.

On découvre l'introduction de ce concept dans l'Ancien Testament. Dans le livre du Deutéronome, Dieu dit: «Vois, je mets aujourd'hui devant vous la bénédiction et la malédiction: la bénédiction si vous obéissez aux commandements de l'Eternel, votre Dieu, que je vous prescris en ce jour; la malédiction, si vous n'obéissez pas aux commandements

de l'Eternel, votre Dieu, et si vous vous détournez de la voie que je vous prescris en ce jour, pour aller après d'autres dieux que vous ne connaissez point.» (Deutéronome 11 :26-28).
Ici, il apparaît que toute la théologie de l'expérience spirituelle est réduite à un seul acte de volonté de croire en Dieu. Nous pouvons, soit choisir «la bénédiction», en respectant l'existence de Dieu et en acceptant le pardon par Son Fils, soit rejeter ces conditions par un acte de rébellion, un acte qui mène, finalement, à «la malédiction».
Il est nécessaire d'examiner plus attentivement ces deux choix «la malédiction» et «la bénédiction».

La malédiction (par la rébellion)

C. S. Lewis écrivit: «Sortir de la volonté de Dieu, c'est pénétrer nulle part.» La rébellion est le premier pas, et d'ailleurs un pas de géant en effet, dans la direction de la prédiction. On définit la rébellion comme «la résistance ouverte ou le mépris de toute autorité».

La Bible montre très clairement que la rébellion est mortelle.
Par les lèvres de Samuel, Dieu dit à Saül: «Car la désobéissance (la rébellion) est aussi coupable que la divination et la résistance ne l'est pas moins que l'idolâtrie et les théraphims» (1Samuel 15:23).

Une pensée particulièrement effrayante au sujet de la rébellion, c'est la manière dont un tel esprit peut fermer le cœur de Dieu. Parlant d'Israël, le psalmiste dit:
«Que de fois ils se révoltèrent contre lui dans le désert! Que de fois ils l'irritèrent dans la solitude! Ils ne cessèrent de tenter Dieu et de provoquer le Saint d'Israël.» (Psaume 78:4041). Dieu ne pouvait travailler au travers d'Israël comme Il l'aurait voulu parce qu'on violait ses principes.

Tristement, ce même esprit tourmente encore aujourd'hui l'Eglise de Jésus-Christ. Parfois il semble caché, mais il subsiste encore. C'est un refus silencieux du meilleur de Dieu. La rébellion ne se manifeste pas toujours par des paroles cinglantes ou des éclats de colère. Au contraire, dans la plupart des cas, la rébellion spirituelle est tout simplement un refus apathique de reconnaître Dieu et, au-delà, un refus de le laisser régner sans obstacle dans notre cœur par Jésus-Christ. Toute rébellion mène dans la même direction, celle qui éloigne de Dieu.

Parce qu'ils ont haï la science, et qu'ils n'ont point choisi la crainte de l'Éternel. Ils n'ont point pris plaisir à mon conseil; ils ont dédaigné toutes mes réprimandes. Qu'ils mangent donc le fruit de leur voie, et qu'ils se rassasient de leurs conseils. (Proverbes 1:29-31).

Lorsque Paul enseigne aux Romains le message de la grâce, voici ce qu'il dit :

« Que dirons-nous donc ? Demeurerions-nous dans le péché, afin que la grâce abonde ? Loin de là ! Nous qui sommes morts au péché, comment vivrions-nous encore dans le péché ? » Romains 6 : 1, 2

En d'autres termes, devrions-nous vivre pleinement dans le péché pour donner à Dieu une opportunité de nous faire grâce ? La réponse de Paul fut la suivante : « Je vous en supplie, réalisez ceci : comment pourriez-vous pécher si vous êtes morts au péché ? ».

☐ La Bénédiction (par un profond respect de Dieu)

Le remède contre la malédiction de la rébellion est indiscutablement l'esprit de respect ou mieux encore, l'adoration. La Bible est pleine de promesses pour ceux qui respectent ou «craignent» le Seigneur.

Réjouissons-nous en lisant Lévitique 26:3-6: « *Si vous marchez dans mes statuts, si vous gardez mes commandements, et si vous les pratiquez, Je vous donnerai les pluies dans leur saison; la terre donnera ses produits, et les arbres des champs donneront leurs fruits. Le foulage des grains atteindra chez vous la vendange; et la vendange atteindra les semailles; vous mangerez votre pain à satiété, et vous habiterez en sécurité dans votre pays. Je mettrai la paix dans le pays; vous dormirez sans que personne ne vous épouvante; je ferai disparaître du pays les mauvaises bêtes, et l'épée ne passera point par votre pays.* »

Le respect à diverses significations. Chacune d'entre elles est importante pour bien comprendre le principe fondamental de cette étude. Le respect signifie:

1. Considérer digne d'estime,
2. S'abstenir de s'imposer,
3. S'intéresser à,
4. Remarquer avec attention,
5. Avoir égard à,
6. Favoriser.

La combinaison de ces définitions donne exactement l'équivalent de l'expression biblique «la crainte du Seigneur». La terreur n'a pas sa place dans cette définition. Nous ne parlons pas de peur quand nous parlons de la crainte du Seigneur, mais d'un esprit d'amour. Le psalmiste dit: «Il y a d'abondantes joies devant ta face, des délices éternelles à ta droite» (Psaume 16:11). Ce n'est guère là une image de terreur ou de peur.

L'expression ne signifie pas non plus que l'on doive cultiver un sentiment d'anxiété pour approcher notre Père céleste. C'est vrai que la colère de Dieu est une réalité, mais Son essence même est l'amour. La colère est le résultat de la rébellion, et quand on y entre par incrédulité, elle devient une certitude qui ne peut pas être évitée, mais voici la passionnante réalité, La crainte du Seigneur est littéralement le contraire exact de ce qu'on pourrait appeler la peur du Seigneur. La crainte du Seigneur est un profond respect qui naît d'une vénération envers la présence de Dieu. Et quand nous cultivons cette vénération, la vie commence à abonder en bénédictions. Trois bénédictions bibliques viennent immédiatement à l'esprit, toutes clairement liées à la crainte du Seigneur.

La première bénédiction est la plénitude. Si nous revenons à Dieu, la vie prend un sens et avance à pas de géant vers la plénitude en Jésus-Christ. Nos journées sont, alors, littéralement pleines d'accomplissements de plus en plus grands.

Proverbes 10:27 dit: « La crainte de l'Éternel multiplie les jours »

On dit que Martin Luther raconta, autrefois, qu'un jour il avait tant de travail à faire que la seule façon d'en venir à bout dans la journée fut de passer les trois premières heures en prières. Il avait appris que tourner son attention vers Dieu ajoutait en fait aux possibilités de la journée.

Le deuxième résultat important d'un profond respect du Seigneur, c'est la santé. L'énergie, à la fois physique et spirituelle, jaillit d'une vie qui honore Dieu. Nous lisons encore une fois dans le livre des Proverbes: «Celui qui craint l'Eternel possède un appui ferme… La crainte de l'Eternel est une source de vie, pour détourner des pièges de la mort.» (Proverbes 14:26-27). Nous découvrons ici qu'une source d'énergie divine est libérée en nous, alors que nous développons le respect spirituel.

Finalement, la foi au Seigneur donne naissance à une vie abondante. La Bible dit: «Le fruit de l'humilité, de la crainte de l'Eternel, c'est la richesse, la gloire et la vie» (Proverbes 22:4). Cette dernière promesse semble résumer tout ce qui résulte de la foi au Seigneur. La santé, la bénédiction personnelle et même le respect d'autrui abondent lorsque l'on exerce le plus profond respect de Dieu.

Respecter Dieu est donc à la fois le point de départ et le chemin à suivre dans la vie vers les meilleures bénédictions de Dieu.

La sagesse, dit-on, est de savoir où l'on va et comment y arriver. C'est l'usage correct de la connaissance. Comment, alors, devons-nous «craindre le Seigneur»? Comment devons-nous développer une attitude de respect? Notre réponse est triple:

Premièrement, je dois respecter Dieu. Nous pourrions définir ceci comme le respect spirituel. On peut commencer à développer cette qualité en priant fidèlement chaque jour. Le respect, après tout, est l'acte de remarquer quelqu'un avec attention. Il n'y a pas de façon plus belle de tourner notre attention vers Dieu que par une habitude de dévotion quotidienne soigneusement établie dès le matin.

Deuxièmement, je dois respecter autrui. Nous pourrions définir ceci comme le respect social. Cette qualité se développe en aidant, chaque jour, quelqu'un d'une manière tangible. La sympathie est au cœur du respect social. Le vrai respect doit être démontré par nos actions.

Finalement, je dois me respecter moi-même. Nous pourrions définir ceci comme le respect personnel. Un tel respect se développe en grandissant, à la fois spirituellement et mentalement, chaque jour. La maturité centrée sur Christ est notre but. Dieu nous a créés pour réussir, même nos épreuves vont également dans ce sens!

«Jésus répondit: Voici le premier commandement: Ecoute, Israël, le Seigneur, notre Dieu, est l'unique Seigneur; et: Tu aimeras le Seigneur, ton Dieu, de tout ton cœur, de toute ton âme, de toute ta pensée, et de toute ta force. Voici le second: Tu aimeras ton prochain comme toi-même. Il n'y a pas d'autre commandement plus grand que ceux-là.» (Marc 12:29-31).

CHAPITRE 11 : LA FOI ET LE TEMPS DE DIEU

Y-a- il des choses que nous ne pourrons saisir par la foi qu'au temps de Dieu? Non! Vous n'avez pas à attendre le temps de Dieu pour être sauvé ou être guéri, "voici aujourd'hui le temps favorable, voici maintenant le jour du Salut" (2Corinthiens 6 : 2). Très souvent lorsque nous disons que ce n'est pas le temps de Dieu, ce n'est pas que ce ne soit pas le temps de Dieu, mais plutôt que nous empêchons Dieu de nous bénir soit parce que nous ne connaissons pas nos droits en Christ, soit parce que nous ne mettons pas notre foi correctement en action ou autre raison. Mais Dieu, Lui, veut nous bénir, au plus tôt.

Comme nous l'avons déjà mentionné, vous n'allez pas entrer dans un ministère du jour au lendemain. Vous pouvez savoir en vous-même, que Dieu vous appelle à tel ministère mais il vous faudra attendre le temps de Dieu pour que vous puissiez y entrer.

Le Seigneur connaît toutes choses, Il sait quel est le bon moment, le bon terrain, quand nous serons prêts, quand d'autres seront prêts à recevoir, etc. Dieu ne peut honorer une foi qui ne s'aligne pas sur son "timing". Parfois le temps dépend de nous, c'est nous qui devons entrer en action, d'autres fois il dépend de Dieu. D'autres fois encore il dépend des deux : Le Seigneur a prévu une période "élastique" pendant laquelle nous pourrons commencer notre ministère, plus ou moins rapidement, selon notre rapidité ou notre retard à nous préparer. Dans la plupart des cas, nous pouvons hâter ou faire reculer, voire encore annuler, ce moment en obéissant aux désirs de notre chaire.

La Parole de Dieu est source de vie (Jean 1 : 4), elle est l'épée de l'Esprit (Ephésiens 6 : 17), elle permet de discerner (Hébreux 4 : 12), elle rend sage et intelligent (1Timothée 3 : 15), et celui qui la méprise se perd (Proverbes 13 : 13).

Le juste vit par sa foi et la foi vient de la Parole de Dieu. C'est pourquoi il est important de bien connaître cette Parole et de s'y référer en toutes choses.

La foi et la prière

Nous avons vu ce sujet de la prière dans la première partie de ce livre. J'exposerai ici un point qui n'a pas volontairement été abordé : Il y a plusieurs sortes de prières parce qu'il y a plusieurs sortes de situations (Ephésiens 6 : 18). On ne peut pas utiliser n'importe quelle manière de prier, n'importe quelle forme de prière pour n'importe quel sujet ou situation.

Il y a des choses, par exemple, que la parole de Dieu promet à tous : Salut, guérison, baptême du Saint-Esprit, prospérité, etc.... (2 Timothée 2 : 4) (1 Pierre 2 : 24) (Actes 2 : 39) (Psaumes 35 : 27). La Bible nous déclare que ces choses sont la volonté de Dieu pour chacun de nous.

Il n’est nul besoin de rentrer dans des prières d'intercession à leur sujet, c'est la prière de la foi qu'il convient de faire, résumée à : "Seigneur Tu dis dans Ta Parole que telle bénédiction est pour moi et que tout ce que nous demandons selon Ta volonté, en priant, nous devons croire que nous l'avons reçu (Marc 11 : 24) (1 Jean 5 : 14-15). Je reçois donc ce que Tu m'as promis, je le prends maintenant par la foi, au nom de Jésus. Merci Seigneur !" Il y a d'autres choses qui ne sont pas notre part à tous mais qui dépendent de notre appel. Par exemple, nous ne sommes pas tous appelés à être apôtres ou évangélistes : Je parle ici des ministères d'Ephésiens 4 : 11. Il ne sert à rien de prendre par la foi ces ministères aussi longtemps que Dieu ne nous a pas clairement révélé Sa volonté pour nous à ce niveau. On rencontre régulièrement des gens qui ont "reçu" un ministère, ou des prétendus dons de l'Esprit, et qui ont de quoi inquiéter.

□ Notre sanctification

1 Thessaloniciens 4:3 : "Ce que Dieu veut, c'est votre sanctification".
Hébreux 12:14 : "Recherchez la paix avec tous et la sanctification sans laquelle personne ne verra le Seigneur". Dieu le Père veut que nous ressemblions à Jésus-Christ, toujours pour nous permettre de partager avec lui une communion d'amour. Pratiquer l'action de grâce et la louange, notamment dans les épreuves, c'est déjà formidable. Mais si nous nous laissons aller aux tendances de notre vieille nature, de "notre chair", qui se délecte dans la critique, les murmures, les plaintes et lamentations, nous risquons fort d'annuler les bénéfices de la louange. C'est pourquoi, il faut associer à la louange, avec l'aide de Dieu, le contrôle de nos pensées et de nos paroles.

CONCLUSION

Comme nous l'avons annoncé en introduction, nous avons pris la résolution de révéler par la grâce de Dieu aux croyant nés de nouveau, pour quoi pas aussi aux païens, que rien de désagréable, de misérable, ou même de ténébreux etc... ne peut nuire indéfiniment la vie d'un chrétien car il est aussi écrit que les ténèbres ne règneront pas pour toujours et que tout est possible à celui qui croit.

Certes, de nos jours, le monde manifeste des progrès remarquables aux yeux des hommes, au point que l'homme prétend avoir facilité la vie, alors qu'en réalité chacun de nous rencontre toujours des contraintes particulières et parfois inexplicable qui vont même jusqu'à faire pleurer certains en secret, à causer des suicides chez d'autres et à priver chaque fois le bonheur chez d'autres et cela malgré tous les plaisir offert par le monde actuel. Cette réalité palpée par plus de 75% de l'humanité contredit cette fois-là l'approche de la simplification de la vie selon les hommes. Par conséquent, chacun de ceux qui sont coincés par des problèmes de taille, se rendent toujours compte que seul Dieu est capable de résoudre les problèmes insolubles dans la vie d'un homme.

Cela s'explique clairement par l'effet que, la confusion a déjà gagné la conscience de l'homme au point de considérer les futilités pour priorités et les priorités pour futilités. Ce que je me suis efforcé d'éclaircir dans les chapitres de ce livre est que très souvent, les circonstances qui surviennent juste avant la réalisation de nos rêves, sont contraires à nos espérances. Mais, à vrai dire, quant aux résultats, tout est une affaire de votre foi ! *Qu'il te soit fait selon ta foi, parole de Jésus,* et C'est aussi pour cela que Jésus a cité l'exemple de la montagne qui semble être l'élément le plus immobile possible, car pour notre Seigneur, tout peut bouger, il suffit de croire.

L'élément nouveau dans cette révélation est que rien ne peut remplacer la connaissance de Dieu et rien ne peut lui être équivalent, que ce soit la sagesse des hommes ou même l'information pour ne citer que cela. Ceci dit autrement que la vie d'un homme renferme un vide que seule la connaissance de Dieu peut remplir car Dieu est l'objet de toute connaissance. C'est ainsi que la connaissance de Dieu nous renvoi à expérimenter le bonheur de la vie sous toutes ses formes, mais cela par la foi selon qu'il est écrit mon juste vivra par la foi. Seulement je suis d'accord avec celui qui se dit en luimême qu'il est difficile de persister dans la foi pendant que la situation ne fait que s'aggravée ou même pendant qu'on ne sent aucune indice de l'intervention de Dieu. Mais la seule et l'unique vérité que je vous apporte est celle selon laquelle ; quel que soit l'ampleur de la condition inacceptable ou même la durée de la situation désagréable que vous traversez, la persévérance dans la foi ne finira qu'a la victoire et alors la parfaite victoire : le triomphe, comme pour dire qu'avec la persévérance dans la foi même un lion totalement affamé devient incapable de vous dévorer ou même une fournaise ardente devient sans pouvoir de vous consumer. C'est qui fut le cas pour schadrac, meschack et

Abed nego, lire Daniel 3 :26-30*...Apres cela, le roi fit prospérer ces trois jeunes hommes dans la province de Babylone voir le verset 30.*

Néanmoins, je signale également que, tout ce qui est contraire à la foi en Dieu est péché. Hébreux 1 :6.

D'autre part Il se peut que votre cas soit celui d'un projet à réaliser qui nécessite un gros financement, tu regardes au salaire et aux revenus disponibles et tu es découragé car tu ne sais comment faire face aux dépenses à effectuer.....tu attends un enfant depuis des années et tu pries pour cela mais le temps passe, l'enfant ne vient pas....Dans ce cas, le doute s'installe peu à peu car on se demander comment le rêve peut se réaliser face aux obstacles : le salaire insuffisant, l'âge et la ménopause qui avancent à grands pas ou la stérilité avérée... L'espérance prend un coup et la foi devient vacillante...Non, il ne faut pas qu'il en soit ainsi car la foi est la ferme assurance des choses que l'on espère ! S'inquiéter du « comment », c'est ce qui fait vaciller la fermeté.

Prenons l'exemple de la femme cananéenne qui a tenu ferme jusqu'au bout, en dépit de l'opposition des disciples et même de Christ ; sa fille a été guérie parce qu'elle a eu une foi ferme ! *Matthieu 15 : 21-28 Jésus, étant parti de là, se retira dans le territoire de Tyr et de Sidon. 22 Et voici, une femme cananéenne, qui venait de ces contrées, lui cria : Aie pitié de moi, Seigneur, Fils de David ! Ma fille est cruellement tourmentée par le démon.*

Lire la suite…

La femme qui avait la perte de sang pendant douze ans, n'a pas regardé la foule. Elle a eu une pensée pleine d'espérance : sans prononcer un seul mot, elle a cru fermement dans son cœur que si elle parvenait à toucher le pan de la robe de Jésus, elle serait guérie. Pas une seule seconde elle ne s'est demandé pourquoi les personnes dans la foule qui pourtant touchaient le Seigneur n'étaient pas guéries. Elle a eu une seule pensée :

« si seulement je parviens à le toucher, je serai guérie ». Sa foi ferme l'a sauvée et guérie ! *Marc 5 : 25-34 Or, il y avait une femme atteinte d'une perte de sang depuis douze ans. Elle avait beaucoup souffert entre les mains de plusieurs médecins, elle avait dépensé tout ce qu'elle possédait, et elle n'avait éprouvé aucun soulagement, mais était allée plutôt en empirant. Lire la suite*

En fait, la foi inébranlable est un pont sur lequel l'homme passe pour avoir accès à sa Terre Promise. Ce ne serait pas donc nécessaire de répéter une affirmation, si l'on avait une foi parfaite ! On ne doit ni supplier, ni plaider, mais rendre grâces constamment de ce que l'on a reçu avant même de les voir ni de les palper, en suite, se surveiller à chaque instant pour s'assurer qu'on est dirigé par la foi et non par la vue.

REFFERENCES BIBLIOGRAPHIQUES

1. La bible second 21 avec les mots d'aujourd'hui
2. La bible tob
3. la bible Parole Vivante
4. La bible le Semeur
5. La bible Darby
6. Joice-meyer, les secrets de la confiance en soi, juillet 2014, USA
7. Joice-meyer, heritier_ou_esclave, juillet 2014, USA
8. Joice-meyer, comment_vaincre_le_decouragement, mai 2015
9. John wesley, wcr-discipleship-french, juillet 2014, USA
10. Claude payan, ce qu'il faut savoir sur la foi, USA
11. William Marrion Branham Exploits Of Faith13 Décembre 1953 Soir Chicago
12. Schaff, Philip. History of the Christian Church, 3ème ed., vol.6. Peabody, Mass.: Hendrickson Publishing Company, 1996. 2. Wylie, J.A. History of Protestantism, Vol.
13. www.doctrine.org/history/. 3. Fudge, Thomas A. «To Build a Fire».
14. Christian History, Fall 2000, 10. 4. Montross, Jynn. War Through the Ages. New York: Harper Collins Publishers, 1960
15. Buffery, A.W.H., and J., Gray, "Sex-differences in the development of spatial and linguistic skills" in Ounsted and D.C Taylor (eds), Gender Differences: their ontogeny and significance, Edinburgh, Churchill, Livingstone, 1972.
16. Castanou Yvan, Vous pensez mariage?, Paris, IMEAF, 2007. Chomsky, N., A., Aspects of the Theory of Syntax, Cambridge Mass, MIT Press, 1965.
17. Syntactic Structures, The Hague, Mouton, 1957. Coates Jennifer, "Gossip Revisited: language in all-female groups" in Women in their speech communities, Longman, New York, 1989.
18. "Gossip revisited: language in all-female groups" in in Cheshire and Peter Trudgill, Gender and Discourse, New York, Oxford University Press, Vol.2, 1998. Delmas, Claude, Structuration abstraite et chaîne linéaire en anglais contemporain (Thèse d'Etat), Paris, 1988, P.9.
19. Freedman Jane, Femmes politiques : mythes et symboles, Paris, Harmattan, 1997.
20. Holmes Janet, Women, Men and Politeness, London and New York, Longman, 1995.
21. Labov William, "The Interaction of Sex and Social Class in the Course of Linguistic Change" in Cheshire and Peter Trudgill, Gender and Discourse, New York, Oxford University Press, Vol.2, 1998. McGlone, J., Sex Differences in human Brain Asymmetry: a Critical Survey, Cambridge University Press, Cambridge, 1080.
22. McKeever, Walter F., "Cerebral Organization and Sex: Interesting but complex", In Susan U.

23. Philips, Susan Steele and Christine Tanz (eds), Language, Gender and Sex in comparative perspective, Cambridge University Press, Cambridge, 1980.

Table des matières

Printed by Books on Demand GmbH, Norderstedt / Germany